空港竞争力与空港联盟

崔 强 著

科 学 出 版 社
北 京

内 容 简 介

本书较系统地介绍空港竞争力与空港联盟的相关知识与研究成果。主要内容包括空港竞争力影响因素识别、空港竞争力动态形成机理、空港动态竞争力评价和不同空港组的竞争力形成机理差异研究，并在竞争力评估的基础上，以其作为博弈收益的主要依据，重点研究空港联盟的决策算法、准入算法、退出算法和解散机制。另外，本书还介绍国内外著名空港的基本情况。本书既注重理论分析的严谨性和模型的创新性，也注重模型在实证研究上的应用。读者只需有一定的数理基础和经济管理学初步知识即可学习本书。

本书可供交通运输管理和经济管理相关专业的本科生和研究生，以及对评价理论与方法、结构方程、系统动力学和实证研究感兴趣的教师及科技工作者阅读。

图书在版编目(CIP)数据

空港竞争力与空港联盟 / 崔强著. —北京：科学出版社，2019.6
ISBN 978-7-03-061001-0

Ⅰ. ①空… Ⅱ. ①崔… Ⅲ. ①航空运输业－交通运输发展－研究－中国 Ⅳ. ①F562.3

中国版本图书馆 CIP 数据核字（2019）第 066698 号

责任编辑：魏如萍 / 责任校对：孙婷婷
责任印制：张 伟 / 封面设计：无极书装

科学出版社 出版
北京东黄城根北街 16 号
邮政编码：100717
http://www.sciencep.com

北京盛通商印快线网络科技有限公司 印刷
科学出版社发行 各地新华书店经销
*
2019 年 6 月第 一 版 开本：720×1000 1/16
2019 年 6 月第一次印刷 印张：10 3/4
字数：220 000
定价：86.00 元
（如有印装质量问题，我社负责调换）

作 者 简 介

崔强，男，博士，1985 年出生，山东省滨州市人，现为东南大学经济管理学院副教授。主要从事航空公司效率、航空碳排放政策、空港竞争力和空港联盟方面的研究。近年来以第一作者或者通讯作者在国内外学术期刊发表论文 40 余篇，其中 SCI/SSCI 期刊论文 30 余篇，多篇论文发表在 *Transportation Research Part* 系列、*Energy Economics*、*Applied Energy* 等交通运输领域和能源环境领域权威期刊上。现主持国家自然科学基金、中国博士后科学基金一等资助、中国博士后科学基金特别资助、辽宁省自然科学基金等项目 4 项。担任多个国际权威期刊和国内期刊审稿人。

序

十八届五中全会及"十三五"规划最凸显的是五个发展理念，其中绿色发展的表达、解析、实施的坚定态度及举措是中国历史上从未有过的。

作为高速发展中的中国航空产业，由于中国经济发展不平衡及正处在重要转型期，加之诸多历史原因，发展也是极不均衡的，尤其机场布局、综合运力与国民经济发展"十三五"规划要求还有太大的距离，相比发达国家，航空产业对国民经济发展的支持与提升相差更大。

《空港竞争力与空港联盟》专著，通过对"空港竞争力"及提升竞争力的"空港联盟"战略的研究，旨在为中国航空产业提供提升竞争力和如何提升竞争力的理论依据，也为空港间发展差距寻求改进的着力点提供方法，进而有助于提升中国空港在国民经济发展和国际竞争中的地位及贡献。

该专著最有价值的是揭示了市场经济规律下的空港竞争本质，尤其是在中国"两个一百年"目标激励下，在举国最强烈、最积极、最鲜活、最"着力"推进绿色发展的实践中，"绿色化"作为抓手，"绿色增长"作为途径，使"空港竞争力"的提升更有效地体现"十三五"国家战略目标，更是在全世界经济低迷情境下，支持国家实现绿色发展的新的经济增长点的体现。

竞争力是能力的外在体现，为了使竞争力可持续地提升，必须在支持可持续能力提升的根本（即核心能力的提升）上下功夫。专著中关于空港竞争力相关指标的选择，就是可持续竞争力提升保障的精彩表达。

中国高铁技术层次和实践已经被世界认知为领先，但最本质的是中国加速高铁覆盖，给人们出行带来的便捷、时间的节约，进而带来的工作效率、生活质量的提升是旷古未有的，从社会意义上说，大大提升了最广大人民的幸福指数。

中国民用航空局"十三五"规划关于机场布局的战略思考，其中之一就是增加直线、全域覆盖。这无疑会大大提升对国民经济发展的支持与贡献、对国民绿色出行的直接改善。专著中的"空港竞争力"提升和评估恰好为国家航空产业"十三五"发展提供理论支持。

作者虽然表达的是"空港竞争力",但定位在国家航空产业发展的战略高度。该专著的成功之处在于定位层次到位,价值体现鲜明,诱发思考,回眸有味。

大连理工大学　武春友

2018 年 12 月 15 日

前　言

　　空港不仅是交通运输体系中非常重要的组成部分，而且是整个国民经济体系中非常重要的一环，对国民经济的发展具有非常重要的作用。近年来，随着中国经济的快速发展，空港也得到了很大的发展，空港总量初具规模，空港密度逐渐加大，空港服务能力逐步提高，现代化程度不断增强。空港作为交通运输网络中非常重要的一环，又有着一定的企业属性，所以空港竞争力成为空港可持续发展的关键要素。另外，为了应对激烈的竞争和优势互补，空港之间又互相结盟，形成空港联盟。空港联盟近几年在全球发展迅速，成为继航空公司联盟后航空业又一重要发展趋势。而基于竞争力的空港联盟分析，对空港的发展也是至关重要的。

　　本书结合作者多年的科研成果，对空港竞争力和空港联盟领域进行系统的研究和完善，并且结合我国各大空港的实际数据进行实证分析与研究。本书共 11 章，主要内容包括空港竞争力的影响因素识别、空港竞争力动态形成机理、空港动态竞争力评价、不同空港组的竞争力形成机理差异研究、空港联盟决策算法、空港联盟准入算法研究、空港联盟退出算法研究和空港联盟解散机制研究。本书第 1 章和第 2 章介绍了相关的研究背景和研究现状。第 3 章到第 6 章从影响因素识别、动态形成机理、动态竞争力评价、差异化机理分析等方面系统研究了空港竞争力。第 7 章到第 10 章基于前几章空港竞争力的研究结果，构建相应的指标，研究空港联盟的决策算法、准入算法、退出算法和解散机制。第 11 章提出研究展望。本书的研究思路可以为交通运输及其他领域的相关研究提供一定的参考，且本书采用的方法也可以广泛应用到其他领域。

　　本书由东南大学经济管理学院崔强副教授所著，并负责对本书进行总体设计，对全书进行统稿并修改定稿。在本书的撰写过程中，大连理工大学管理与经济学部武春友教授给予了很多指导，南京财经大学李烨老师，研究生林靖玲、金子寅、洪婷婷及本科生王丹丹、王媛媛都为本书的顺利出版提供了很大的帮助。本书得到了国家自然科学基金、东南大学中央高校建设世界一流大学（学科）

和特色发展引导专项资金经费及东南大学中央高校基本科研业务费的大力资助，在此一并感谢。

在撰写过程中，本书参考了大量国内外学者的著作和文章，总结提炼了相关的研究成果，已在正文中加以标注并以参考文献形式列在书后。在此，向相关专家学者表示诚挚的谢意。如有遗漏，敬请告知。

由于作者水平有限，在空港领域所涉及的知识和内容的把握上可能存在疏漏与不足之处，欢迎广大读者批评与指正，并及时反馈。

崔　强

2019年1月20日

目　　录

第1章　绪论 ··· 1
第2章　理论基础与相关研究述评 ·· 4
　2.1　中国空港的基础知识 ·· 4
　2.2　相关研究述评 ·· 7
第3章　中国空港竞争力影响因素识别 ··· 16
　3.1　模型构建 ·· 16
　3.2　影响因素识别 ··· 21
　3.3　本章小结 ·· 26
第4章　中国空港竞争力动态形成机理 ··· 28
　4.1　指标体系 ·· 28
　4.2　空港竞争力静态形成机理 ·· 29
　4.3　动态形成机理模型 ·· 32
　4.4　主要影响因素仿真 ·· 36
　4.5　本章小结 ·· 39
第5章　中国空港动态竞争力评价 ·· 41
　5.1　指标体系 ·· 41
　5.2　模型构建 ·· 42
　5.3　计算结果 ·· 51
　5.4　本章小结 ·· 55
第6章　不同空港组的竞争力形成机理差异研究 ······························· 56
　6.1　引言 ··· 56
　6.2　空港分组 ·· 57
　6.3　空港竞争力指标体系 ··· 61
　6.4　形成机理模型 ··· 64
　6.5　本章小结 ·· 71
第7章　空港联盟决策算法研究 ··· 73
　7.1　空港联盟介绍 ··· 73
　7.2　复杂网络上的博弈动力学简介 ··· 76
　7.3　决策算法 ·· 78

  7.4 例证研究 ·· 83
  7.5 本章小结 ·· 87
第 8 章 空港联盟准入算法研究 ··· 88
  8.1 引言 ··· 88
  8.2 空港博弈收益指标建立 ·· 88
  8.3 空港联盟准入算法 ··· 89
  8.4 例证 ··· 94
  8.5 本章小结 ·· 96
第 9 章 空港联盟退出算法研究 ··· 97
  9.1 引言 ··· 97
  9.2 空港联盟决策 ··· 97
  9.3 空港联盟的退出决策 ·· 102
  9.4 例证 ··· 106
  9.5 本章小结 ·· 110
第 10 章 空港联盟解散机制研究 ·· 111
  10.1 算例设计 ·· 111
  10.2 本章小结 ·· 115
第 11 章 研究展望 ··· 116
参考文献 ·· 117
作者近期发表的与本专著密切相关的论文 ··· 125
附录一 我国主要空港的基本情况 ··· 129
附录二 世界主要空港的基本情况 ··· 145
后记 ·· 162

第1章 绪　　论

　　近年来，中国经济的高速发展和居民消费水平的提高大大增加了对航空业的需求，我国各地纷纷制定规划，投资建设新空港或者进行空港扩建，极大地方便了人们的出行和推动了我国经济的发展。空港作为航空运输和城市的重要基础设施，是综合交通运输体系的重要组成部分。当前我国空港体系初具规模，为保证我国航空运输持续、快速、健康地协调发展，促进经济社会发展和对外开放，以及完善国家综合交通体系等发挥了重要作用，对加强国防建设、增进民族团结、缩小地区差距、促进社会文明也具有重要意义。

　　根据中国民用航空局的《中国民用航空发展第十二个五年规划（2011年至2015年）》，经过几十年的建设和发展，我国空港总量初具规模，空港密度逐渐加大，空港服务能力逐步提高，现代化程度不断增强，初步形成了以北京、上海、广州等枢纽空港为中心，以成都、昆明、重庆、西安、乌鲁木齐、深圳、杭州、武汉、沈阳、大连等省会或重点城市空港为骨干及其他城市支线空港相配合的基本格局，我国民用运输空港体系初步建立。截至2017年底，我国共有颁证运输机场229个，比上年底增加11个。旅客吞吐量超过1000万人次的机场数量达到32个，北京首都国际机场客运和上海浦东国际机场货运分别位列世界第2名和第3名。

　　尽管取得了很大的成绩，但是我国空港发展中仍存在以下问题。

　　（1）从国际航线旅客周转量来看，我国空港的枢纽地位仍有待提高。根据国际公认的标准，一个国家的空港在全球国际航线中旅客周转量越多，越能证明这个国家的空港在整个全球航线网络中的枢纽地位。以2013年的数据为例，我国（不含港澳台）空港的定期航班总旅客周转量排名世界第二，仅次于美国，是美国的41.6%；而在国际航线的旅客周转量中排名世界第八，为排名第一的美国的26.5%。虽然地理位置等因素会导致这种情况，但是2013年我国（不含港澳台）的国际航线旅客周转量为111 918百万人·千米，而香港地区的国际航线旅客周转量为110 720百万人·千米，约等于我国全部机场的国际航线旅客周转量。具体数据见表1.1。

　　这说明我国空港在全球航线网络中的枢纽地位不强，但仍有很大的提升空间，在一定程度上也说明我国空港的整体竞争力仍有很大的不足。

表 1.1 2013 年各国航班旅客周转量

国家	总计/(百万人·千米)	名次	国际航线/(百万人·千米)	名次
美国	1 352 529	1	422 522	1
中国（不含港澳台）	562 748	2	111 918	8
阿拉伯联合酋长国	290 268	3	290 265	2
英国	259 164	4	250 788	3
德国	217 834	5	207 783	4
法国	177 950	6	148 828	5
俄罗斯	168 213	7	92 327	13
加拿大	152 627	8	104 475	9
日本	148 323	9	65 609	18
澳大利亚	144 361	10	76 197	15

数据来源：2014 年《从数据看民航》

（2）空港亟需资源优化与整合。在东部沿海地区，空港"扎堆"现象非常严重，很多空港入不敷出。以长江三角洲地区为例，现在的空港密度为每万平方千米 0.8 个空港，超出美国每万平方千米 0.6 个空港的水平，根据中国民用航空局的规划，到 2020 年，长江三角洲地区的空港将达到 48 个，激烈的竞争、有限的客源将导致很多空港入不敷出，如浙江省面积为 10 万平方千米，有 7 个空港，仅有杭州萧山国际机场运营正常，其他的空港都是入不敷出。

如何进行资源优化与整合是很多空港面临的发展问题，而空港联盟被认为是一条有效的途径。

综合以上两点，本书认为提升空港竞争力是改变我国空港总体竞争力不足的一个关键因素，而空港联盟分析也是分析如何整合和优化空港资源的关键之一。空港竞争力与空港联盟不仅是众多空港关心的问题，也是空港运营与优化理论中的核心问题之一。

（1）有助于对中国空港竞争力水平进行评价。空港竞争力的实际情况是空港运营企业和相关管理部门制定相关政策的依据。目前，中国各空港发展不均衡，在基础设施、运营水平等方面存在很明显的差距。但是随着区域经济的快速发展，空港之间的竞争也变得日益激烈。在此情况下，对空港竞争力进行评价和分析可以为运营企业提供更准确有效的评价工具，也能够更好地分析空港在运营管理、区域发展支撑、自身基础设施、需求状况等方面存在的问题，有助于运营企业有针对性地制定发展规划和政策。

（2）有助于各空港了解空港竞争力的影响因素和形成机理。本书利用各空港的实证数据和有效的理论分析模型,分析了中国空港竞争力的根本性影响因素和动态形成机理,有助于各空港根据自身情况分析自身提升竞争力所面临的问题,促使各空港寻找提升竞争力的着手点和政策参考依据。在本书中,对影响因素和形成机理的分析结果是共性的,但为各空港依据自身情况进行分析提供了很好的思路。各空港可以根据自身情况调整指标体系,以更好地把握自身竞争力的影响因素和形成机理。

(3)可以为各空港在面临联盟问题时的决策提供参考。本书依据中国空港的实证数据和复杂网络博弈动力学的相关研究,对空港在面临联盟问题时的决策、准入、退出和解散行为进行了模拟和仿真,可以为空港在实际中的联盟决策问题提供有价值的参考。根据本书的研究方法和结论,空港可以依据自身实际情况做出对自身最有利的选择,以达到优化配置和提升竞争力的目的。

(4)为空港各有关部门制定针对性的监管政策提供理论依据。空港的竞争力分析是提升空港竞争力的基础。空港竞争力分析结果一方面反映了空港运营企业的运营成果和区域发展对空港的支撑情况,另一方面也体现了空港管理部门对空港政策和规划的有效性。通过对空港竞争力的分析及各空港之间的竞争力对比,可以为空港管理部门依据不同空港的实际情况制定相应的有差异性的政策提供参考,最终促进空港竞争力的提升。

空港联盟决策、准入、退出和解散等行为的分析,也可以为空港联盟的发起方和空港管理部门制定合理的联盟行为规范提供一定的参考。

第 2 章　理论基础与相关研究述评

2.1　中国空港的基础知识

空港也称机场、航空站，是专供飞机起降活动的飞行场，分为民用机场和军用机场两类。我国把大型民用机场称为空港，小型机场称为航空站。

2.1.1　中国空港的特点

中国空港的运营与世界上很多国家有所区别，主要区别体现在以下几方面。

（1）功能定位。世界上很多国家，如加拿大、美国等国家，空港被定位为纯公共设施，空港的运营不是为了盈利，而且空港的投资、建设和运营都由政府负责。而在我国，虽然空港的规划是由中国民用航空局审批，建设由政府财政承担大部分（有的空港建设也引入社会资本），但并不是纯公共设施，它肩负着一定的盈利责任，很大一部分的经营风险由空港自己承担。

（2）管理模式。根据参考文献[1]，在加拿大、美国等国家，空港的管理模式类似于政府和事业单位，人员是定编的，结构比较精简，分工非常明确。而欧洲和澳大利亚等国家或地区的很多空港都已经完全私有化，南非、阿根廷、墨西哥等国家的空港正在私有化。但是在我国，空港并不是完全市场化管理的，是由专门的机场公司或者机场集团进行管理，甚至一个机场集团控股或者管理几个空港，而这些机场公司或者机场集团大部分都是国有的。

综合以上两点可知，研究中国空港竞争力具有一定的特殊性，中国空港的运营既有企业化运营的特点，又具有中国的特色。

2.1.2　中国空港的分类

根据中国民用航空局的界定，在我国（不含港澳台），按照机场规模和旅客流通量，将空港分为以下四大类。

（1）国际枢纽空港。主要是国际航线非常密集的空港，主要有北京首都国际机场、上海浦东国际机场、广州白云国际机场三个。

（2）区域性枢纽空港。主要是旅客吞吐量超过 2000 万人次的空港，主要有上海虹桥国际机场、成都双流国际机场、深圳宝安国际机场、昆明长水国际机场、西安咸阳国际机场、重庆江北国际机场、天津滨海国际机场。

（3）区域干线空港。其所在城市是省会（自治区首府）、重要开放城市、旅游城市或其他经济较为发达城市、人口密集的城市，旅客的接送人数和货物吞吐量相对较大，如大连周水子国际机场、济南遥墙国际机场等。

（4）支线空港。除上面三种类型以外的空港。虽然它们的运输量不大，但作为沟通全国航路或对某个城市地区的经济发展起着重要作用，如上饶三清山机场、泸州蓝田机场、泉州晋江国际机场等。

2.1.3 中国空港飞行区等级的分类

飞行区等级是对飞行区设施的规模、水平的一种表示方法。划定飞行区等级的依据是飞行区设施所能适应吨位最大的航空器，主要有 4F、4E.60、4E.45、4D、4C 五个等级。依据百度百科的词条，截至 2018 年 9 月，我国主要空港的飞行区等级如下：

（1）4F 级。4F 级的主要空港如下：北京首都国际机场、上海浦东国际机场、广州白云国际机场、昆明长水国际机场、成都双流国际机场、武汉天河国际机场、天津滨海国际机场、重庆江北国际机场、杭州萧山国际机场、深圳宝安国际机场、西安咸阳国际机场、南京禄口国际机场、桂林两江国际机场等。

（2）4E.60 级。4E.60 级的主要空港如下：上海虹桥国际机场、太原武宿国际机场、海口美兰国际机场、济南遥墙国际机场、南宁吴圩国际机场、三亚凤凰国际机场等。

（3）4E.45 级。4E.45 级的主要空港如下：拉萨贡嘎国际机场、沈阳桃仙国际机场、福州长乐国际机场、呼和浩特白塔国际机场、乌鲁木齐地窝堡国际机场、厦门高崎国际机场、青岛流亭国际机场、长春龙嘉国际机场、石家庄正定国际机场、大连周水子国际机场、哈尔滨太平国际机场、贵阳龙洞堡国际机场等。

（4）4D 级。4D 级的主要空港如下：连云港白塔埠机场、西宁曹家堡国际机场、西双版纳嘎洒国际机场、包头二里半机场、温州龙湾国际机场、威海大水泊国际机场、无锡苏南硕放国际机场、东营胜利机场、秦皇岛北戴河国际机场、泉州晋江国际机场、揭阳潮汕国际机场、丽江三义国际机场等。

（5）4C 级。4C 级的主要空港如下：淮安涟水机场、赣州黄金机场、张家口宁远机场、呼伦贝尔东山国际机场、伊春林都机场、固原六盘山机场等。

2.1.4　国内上市空港情况

目前国内上市空港有 6 家，分别为：
广州白云国际机场，上海证券交易所上市，代码：600004。
上海浦东国际机场，上海证券交易所上市，代码：600009。
厦门高崎国际机场，上海证券交易所上市，代码：600897。
深圳宝安国际机场，深圳证券交易所上市，代码：000089。
北京首都国际机场，香港交易所上市，代码：0694。
海口美兰国际机场，香港交易所上市，代码：0357。

2.1.5　中国空港群的分类

根据中国民用航空局的《全国民用运输机场布局规划》，我国空港群主要有五个。

（1）北方空港群：布局规划机场总数 98 个。北方空港群由北京、天津、河北、山西、内蒙古、辽宁、吉林、黑龙江 8 个省（自治区、直辖市）内各机场构成，为促进华北、东北地区经济社会发展、东北亚经济合作和对外开放提供有力的航空运输保障。在此空港群中，重点培育北京首都国际机场为国际枢纽机场，进一步增强其国际竞争力；提升和发挥天津、沈阳机场分别在滨海新区发展和东北振兴中的地位作用；进一步完善哈尔滨、大连、长春、石家庄、太原、呼和浩特等机场在区域中的干线机场功能，稳步发展阿尔山、长白山、漠河、大庆等区域内支线机场。

（2）华东空港群：布局规划机场总数 61 个。华东空港群由上海、江苏、浙江、安徽、福建、江西、山东 7 个省（直辖市）内各机场构成，以满足华东地区经济社会发展、对外开放和对台"三通"的交通需要。在此空港群中，重点培育上海浦东国际机场为国际枢纽，增强其国际竞争力；进一步完善上海虹桥、杭州、厦门、南京、福州、济南、青岛、南昌、合肥等机场的干线机场功能；稳步发展苏中、三明、宜春、济宁等区域内支线机场。

（3）中南空港群：布局规划机场总数 60 个。中南空港群由广东、广西、海南、河南、湖北、湖南 6 个省（自治区）内各机场构成，以满足中南地区经济社会发展的需要，促进东南亚经济合作、泛珠三角区域经济一体化和对外开放。在此空港群中，重点培育广州白云国际机场为国际枢纽，增强其国际竞争力；提升武汉、郑州机场在中部崛起中的地位；完善长沙、南宁、海口、三亚、深圳、桂林等机场在区域中的干线机场功能；进一步稳步发展河池、神农架等区域内支线机场。

（4）西南空港群：布局规划机场总数 78 个。西南空港群由重庆、四川、云南、贵州、西藏 5 个省（自治区、直辖市）内各机场构成，以适应西南地区经济社会发展需要，促进中国-东盟自由贸易区的合作发展，为少数民族地区经济社会发展和旅游资源开发提供交通保障。在此空港群中，重点培育昆明机场成为连接南亚和东南亚的门户机场，强化成都、重庆机场的枢纽功能，发挥其在西南地区和长江中上游区域经济社会发展中的中心地位作用；完善贵阳、拉萨等机场功能；稳步发展黔江、康定、腾冲、六盘水等区域内支线机场。

（5）西北空港群：布局规划机场总数 73 个。西北空港群由陕西、甘肃、青海、宁夏和新疆 5 个省（自治区）内各机场构成，以满足西北地区经济社会发展需要，促进中国-中亚地区贸易的发展，为少数民族地区发展和旅游资源开发提供航空运输保障。在此空港群中，重点加快培育乌鲁木齐地窝堡国际机场为连接中亚的西北门户机场，提升西安咸阳国际机场在区域内的中心地位；进一步完善兰州、银川、西宁等机场的功能；稳步发展天水、固原、玉树、喀纳斯等区域内支线机场。

2.2 相关研究述评

2.2.1 空港竞争力现有文献的总体梳理

目前，国内外针对空港竞争力的研究成果还相对较少，以美国汤姆森科技信息集团（Thomson Scientific）基于 WEB 开发的大型综合性、多学科、核心期刊引文索引数据库 Web of Science 数据库为检索源，按照标题＝（"airport competitiveness"）[①]的检索格式，对科学引文索引（Science Citation Index，SCI）、社会科学引文索引（Social Sciences Citation Index，SSCI）进行 Article 文献格式检索，检索时间为 1980～2015 年，共检索到国内外学者发表的 55 篇英文论文。其中所有被引用过的论文如表 2.1 所示，高被引论文主要是关于空港竞争力评价、空港竞争战略的研究。

表 2.1 基于 Web of Science 数据库的空港竞争力论文的被引频次排名

被引频次	作者	篇名	主要内容	文献来源
44	Oum T H，Yu C Y[2]	Measuring airports' operating efficiency: a summary of the 2003 ATRS global airport benchmarking report	operating efficiency	Transportation Research Part E 2004
26	Park Y[3]	An analysis of the competitive strength of Asian major airports	competitiveness evaluation	Journal of Air Transport Management 2003

---

① airport competitiveness，即空港竞争力。

续表

被引频次	作者	篇名	主要内容	文献来源
14	Lee H，Yang H M[4]	Strategies for a global logistics and economic hub: Incheon International Airport	airport strategy	Journal of Air Transport Management 2003
10	Cui Q，Kuang H B，Wu C Y，et al[5]	Dynamic formation mechanism of airport competitiveness: the case of China	influencing factors of airport competitiveness	Transportation Research Part A: Policy and Practice 2013
9	Park Y[6]	Application of a fuzzy linguistic approach to analyse Asian airports' competitiveness	competitiveness evaluation	Transportation Planning and Technology 1997
3	Lieshout R，Matsumoto H[7]	New international services and the competitiveness of Tokyo International Airport	competitiveness evaluation	Journal of Transport Geography 2012
2	Peng J L，Zhan C X[8]	A case study on evaluation of airport logistics competitiveness based on AHP	logistics competitiveness evaluation	Advanced Materials Research 2011
2	Chao C C，Yu P C[9]	Quantitative evaluation model of air cargo competitiveness and comparative analysis of major Asia-Pacific airports	air cargo competitiveness	Transport Policy 2013
1	Basile A[10]	Evaluating effectiveness of airport logistics system as a driver of firm's competitiveness: empirical evidence for peripheral areas	the impact of airport logistics on firm's competitiveness	African Journal of Business Management 2012

注：Web of Science 数据库检索时间截至 2015 年 11 月 30 日

通过分析 SCI 和 SSCI 数据库中关于空港竞争力的文献发现：

（1）关于空港竞争力的文章共有 55 篇，2009~2015 年的文献只有 31 篇，且被引用文献非常少，只有 9 篇。

（2）大部分文献都聚焦于空港静态竞争力的评价，对空港竞争力其他方面的研究较少，说明空港竞争力理论体系仍有待丰富。

以中国 CNKI 数据库为检索源，按照标题"空港竞争力""机场竞争力"进行全文检索，共检索到 60 多篇相关论文，如表 2.2 所示，被引频次较高的论文基本是针对空港运营效率、航空公司对空港的选择策略、空港竞争力评价、空港旅客吞吐量等方面，研究方法以定性为主，少量的定量方法以数据包络分析、层次分析法为主。

表 2.2 基于 CNKI 数据库的空港竞争力论文的被引频次排名

被引频次	作者	篇名	主要内容	期刊
48	张越、胡华清[11]	基于 Malmquist 生产力指数的我国民用机场运营效率分析	空港运营效率	系统工程 2006 年 24 卷 12 期
28	姜涛、朱金福[12]	航空公司选择枢纽机场的鲁棒性方法	航空公司对空港的选择策略	系统工程 2006 年 24 卷 6 期

第 2 章　理论基础与相关研究述评

续表

被引频次	作者	篇名	主要内容	期刊
28	焦朋朋[13]	机场旅客吞吐量的影响机理和预测方法研究	空港旅客吞吐量	交通运输系统工程与信息 2005 年 5 卷 1 期
28	应习文、石京[14]	大型枢纽机场可达性量化的初步研究	空港可达性成本	交通运输系统工程与信息 2006 年 6 卷 6 期
23	都业富、朱新华、冯敏[15]	DEA 方法在中国民用机场评价中的应用	空港竞争力评价	中国民航学院学报 2006 年 24 卷 6 期
19	吴显扬、吴远开[16]	运用 AHP 方法研究上海浦东空港的亚太竞争力	空港竞争力评价	物流技术 2005 年 9 期
14	彭语冰、李艳伟[17]	枢纽机场竞争力评价研究	空港竞争力评价	技术经济与管理研究 2011 年 9 期
13	苏道明[18]	机场竞争力评价指标体系的构建	空港竞争力评价	中国民航飞行学院学报 2011 年 22 卷 1 期
8	董志毅、彭语冰、崔婷[19]	我国中西部机场特征分析及其竞争力评价研究	空港竞争力评价	北京理工大学学报（社会科学版）2007 年 9 卷 3 期
7	崔强、武春友、匡海波[20]	BP-DEMATEL 在空港竞争力影响因素识别中的应用	空港竞争力的影响因素	系统工程理论与实践 2013 年 33 卷 6 期
7	苏道明、王明英、周官志[21]	机场竞争力形成机理与评价指标体系的构建	空港竞争力形成机理及评价	湖南财经高等专科学校学报 2010 年 26 卷 123 期
6	褚衍昌、吴育华[22]	环渤海主要机场竞争力评价研究	空港竞争力评价	综合运输 2006 年 Z1 期
4	张晓玲、吴春春[23]	基于灰色综合评价法的国内主要机场竞争力评价	空港竞争力评价	物流工程与管理 2012 年 34 卷 11 期
3	程程、李凯莎、刘睿[24]	空港竞争力要素构成与提升措施研究——以广州白云国际机场为例	空港竞争力的影响因素	产业与科技论坛 2012 年 11 卷 2 期
3	孙继湖、谭康华[25]	基于民航强国的机场竞争力评价	空港竞争力评价	综合运输 2012 年 12 期
2	陈蓓蓓、曾小舟、董莉莉[26]	基于航线网络结构的上海浦东国际机场亚太枢纽竞争力分析	空港竞争力评价	中国民航飞行学院学报 2013 年 1 期
1	任新惠、唐少勇[27]	香港国际机场核心竞争力分析及借鉴	空港竞争力评价	综合运输 2014 年 4 期
1	夏新平、彭语冰[28]	机场竞争力的形成机理	机场竞争力的形成机理	国有资产管理 2007 年 2 期

注：中文 CNKI 数据库检索时间截至 2015 年 11 月 30 日

国内分析空港竞争力的文献有以下两个特点。

（1）大部分文献都聚焦于空港静态竞争力的评价，对空港竞争力影响因素识别、空港竞争力动态形成机理等方面研究较少，说明国内空港竞争力理论体系有待丰富。

（2）在被引次数较多的国内相关文献中，真正聚焦于空港竞争力的文献都是出现在最近几年,这说明国内对空港竞争力的研究仍处于起步阶段。

鉴于本书是对空港竞争力的影响因素、形成机理及动态竞争力的评价进行系统深入研究,所以现有文献构建的竞争力评价指标体系、对竞争力形成机理的描述都可以为本书的研究打下良好的基础。

2.2.2 空港的概念界定

根据参考文献[29],本书认为,空港不仅仅是旅客和货物的集散地,为飞机的停靠、旅客的候机与上下飞机、飞机所需要的燃料补给、货物的装卸等提供相关的作业服务的场所,也是整个国民经济体系中的一个节点,对整个国家的经济发展起到非常重要的作用。

本书认为,空港竞争力不仅受空港自身条件或者运营企业的影响,也在很大程度上受区域经济乃至整个国民经济的影响。

2.2.3 空港竞争力的定义

对于空港竞争力的定义,现有文献存在多种理解。

褚衍昌和吴育华[22]认为,中国空港属地化改革已基本完成,空港作为一个独立的法人实体,它的竞争力研究也应符合企业竞争力的研究理论。经过对企业竞争力理论的研究,结合空港的特殊性,将空港竞争力定义为:空港竞争力是指在一定的航空运输环境下,空港在综合利用内外部资源的基础上,表现出来的使空港获得长期发展并能给空港带来竞争优势的综合能力。这种综合能力是空港对内外部各种资源的协调使用的能力,是对各种影响因素趋利避害的应变能力。陈林[30]认为,空港竞争力是在航空运输市场竞争过程中,空港企业以空港内部资源为基础,借助外部资源优势,通过挖掘、开发和利用自身的潜能,更好地适应机场的外部经营环境,为顾客提供更加优质的服务,从而实现顾客的价值,获取自身的利益,并在市场竞争中取得和保持稳定长远的竞争优势的综合能力。程程等[24]认为,空港竞争力是空港自身实力、对稀缺资源的吸引力和对周边区域影响力的综合体现。综合以上观点,空港竞争力是综合利用内外部资源的能力,但是并未强调与其他空港的竞争。

苏道明等[18, 21]认为空港竞争力是空港在参与航空运输市场竞争过程中,通过获取、整合与利用内外部资源,表现出相对于竞争对手能够更好地适应环境,为顾客提供更高质量的服务产品,为空港带来收益和自身发展的综合力量。空港竞争力体现在顾客价值(航空公司、旅客与货主满意)和机场自身利益(收益与发展)两个方面,其实质是空港有效地获取和使用资源,更好地适应环境(包括对环境的被动响应与主动响应）的能力。彭语冰和李艳伟[17]认为，空港竞争力则是机场在参与航空运输市场竞争过程中，通过获取、整合与利用内外部资源，表现出相对于竞争对手更好地适应环境，为顾客提供更高质量的服务产品，为机场带来收益和自身发展的综合力量。孙继湖和谭康华[25]认为，空港竞争力是空港在参与航空运输市场竞争过程中，通过获取、整合与高效利用内外部资源，表现出相对于竞争对手更好地适应市场环境的能力，具有高效的运行效率，为顾客提供高品质的服务，为空港创造收益和自身发展的综合能力。空港竞争力的内涵主要表现在四个方面：一是空港竞争力是相对于竞争对手而言的，表现的是比较优势；二是空港竞争力实质是有效地获取和使用空港内外部资源的能力；三是空港竞争力的市场表现是顾客价值和空港收益两方面；四是空港培育和提升竞争力是为了在竞争中获得长期竞争优势。综合以上观点，他们都强调空港竞争力是相对于其竞争对手的比较优势。

在本书中，空港竞争力的概念界定等同于孙继湖和谭康华[25]的部分观点：空港竞争力的内涵主要表现在三个方面：一是空港竞争力是相对于竞争对手的比较优势；二是空港竞争力实质是有效地获取和使用空港内外部资源的能力；三是空港培育和提升竞争力是为了在竞争中获得长期竞争优势。

2.2.4 空港竞争力的评价

现有文献中，对空港竞争力的评价主要分为两类：对空港全方位竞争力的评价和对空港竞争力的某一部分或者某几部分的评价。

对空港全方位竞争力评价方面，Park[3]从服务、需求、管理、设施和空间品质等五方面构建了空港竞争力的评价指标体系，评价了东亚地区的空港竞争力，将空港竞争力等级分为最具竞争力、具有较强竞争力、具有较差竞争力、具有最少竞争力四个等级。Park[6]从空港的区位特征、准入系统、环境影响、航空公司的运营情况、区域发展、发展规划的实用性、社会经济影响、空港收费等几方面构建了空港竞争力的评价指标体系，并对亚洲的九个主要空港进行了竞争力的评价。孙继湖和谭康华[25]在空港运营规模、空港连通性、服务水平、经济效益、发展环境五方面构建了指标体系，运用层次分析法评价了北京首都国际机场、上海浦东国际机场、广州白云国际机场、香港国际机场、新加坡樟宜国际机场、韩国仁川国际机场六大机场的空港竞争力。董志毅等[19]从空港连通性、服务质量与效率、运营规模、空港收益与发展、机场发展环境五方面构建了指标体系，运用层次分析法和熵值法相结合的方法评价了呼和浩特白塔国际机场、包头东河机场、呼伦贝尔东山国际机场、通辽机场、赤峰玉龙机场、锡林浩特机场、乌兰浩特机场七个内蒙古空港的竞争力。王则仪[31]从政府环境指标、基础设施指标、航班运行指标、城市配套指标、区域经济指标、旅客服务指标六方面构建了上海浦东国际机场的竞争力评价指标，并通过与香港国际机场和新加坡樟宜国际机场的比较，分析了上海浦东国际机场的竞争力。张晓玲和吴春春[23]将货物吞吐量、航线条数和起降架次等空港自身运营能力指标及国内生产总值（gross domestic product, GDP）、总人口和平均收入水平等城市竞争力评价指标结合起来构建了空港竞争力评价指标体系，并对我国17个主要空港的竞争力进行了评价。褚衍昌和吴育华[22]从经济环境、机场运营水平、机场设施、地缘因素、政策因素五方面构建了空港竞争力评价指标体系，运用层次分析法评价了环渤海地区5个主要空港的竞争力。苏道明等[21]从竞争力市场表现、空港资源、空港能力、空港环境四方面构建了空港竞争力评价指标体系。彭语冰和李艳伟[17]从空港规模、网络连通性、服务质量、运营管理、发展环境五方面建立空港竞争力的评价指标体系，运用模糊综合评价方法评价了北京首都国际机场的竞争力。苏道明[18]从机场的连通性、服务质量与效率、运营规模、机场收益与发展等四方面构建了空港竞争力评价指标体系。吴显扬和吴远开[16]从硬件条件、软件条件、物流指标三方面构建了空港竞争力的评价指标体系，运用层次分析法评价了东京成田国际机场、香港国际机场、韩国仁川国际机场、新加坡樟宜国际机场、上海浦东国际机场等亚太空港的竞争力。都业富等[15]以主营业务成本、固定资产净值和流动资产为投入指标，以主营业务收入、旅客吞吐量和飞机起降架次为产出指标，对我国64个空港的效率进行了评价。程程等[24]从空港自身实力、区位因素、产业因素、政府因素四方面构建了空港竞争力的评价指标，分析了广州白云国际机场的空港竞争力。

而在评价空港竞争力的某一部分或者某几部分方面，Fernandes和Pacheco[32]从空港战略的角度，运用模糊多层次评价方法构建了空港竞争力评价模型。Zhang[33]分析了香港国际机场货运的特点和趋势，香港国际机场在中国及东亚地区的竞争对手情况，以及香港国际机场与中国大陆机场的互动机制。Sarkis和Talluri[34]以空港运营成本、空港员工数量、入口数和跑道数为投入指标，以税收、客流量、商业及航空活动和货物吞吐量为产出指标，运用数据包络分析（data evelopment analysis，DEA）方法分析了1990～1994年美国44个主要空港的运营效率。Graham[35]回顾了现有空港采用的发展策略，并且分析了空港发展策略对空港发展的重要意义。Pacheco和Fernandes[36]运用DEA方法评估了巴西国内35个空港的运营效率，并从空港管理与空港规模两方面提出了改进措施。Coldren和Koppelman[37]利用集成航空旅行行程分享（aggregate air-travel itinerary share）模型预测了空港未来的旅客吞吐量，评估了美国与加拿大之间空港的竞争关系。Lieshout和Matsumoto[7]运用路径选择概率模型分析了东京羽田国际机场与东京成田国际机场竞争中可能达到的市场地位，结果表明东京羽田国际机场在日本与亚太国家之间、日本与欧洲之间、日本与北美洲之间的市场份额会有很大增长。Chen

和 Peng[38]运用层次分析法分析了杭州萧山国际机场物流竞争力的主要因素，归纳了杭州萧山国际机场的优点和缺点，给出杭州萧山国际机场物流竞争力提升的相应措施。Pujinda[39]分析了阿姆斯特丹国际机场和法兰克福国际机场的发展案例，阿姆斯特丹国际机场采用的是航空城发展模式，而法兰克福国际机场采用的是高效门户机场发展模式，分析了泰国素万那普国际机场和新加坡樟宜国际机场的竞争力及可以采取的发展模式，认为新加坡樟宜国际机场可以采取航空城发展模式，而泰国素万那普国际机场可以采用高效门户机场发展模式。Hay 等[40]分析了法国巴黎夏尔·戴高乐国际机场新开通的火车站对空港竞争力的意义，介绍了要提升巴黎夏尔·戴高乐国际机场的国际竞争力可以采用的管理创新模式。Inglada 等[41]评价了 1996~2000 年空港的自由化程度与经济效率和技术效率的关系，结果表明亚洲各空港的效率值在持续增大。

综上所述，国内文献大部分倾向于全面分析和评价空港的竞争力，所采用的方法多为层次分析法、熵值法、模糊法等。而国外文献更多地倾向于评价分析空港竞争力的某一方面，所采用的方法也比较多样。但大部分文献更多倾向于评价空港的静态竞争力，对在竞争合作环境下空港竞争力的评价仍有待进一步研究。

2.2.5 空港竞争力的影响因素分析

现有文献对空港竞争力影响因素的研究主要有两种：分析影响因素对空港竞争力的影响和分析空港竞争力有哪些影响因素。

在空港竞争力影响因素对竞争力的影响分析方面，Lee 和 Yang[4]分析了韩国仁川国际机场要快速提高竞争力可以采取的战略，认为韩国仁川国际机场有很大可能成为东北亚的物流枢纽，当然要取决于其能否吸引到足够数量全球性的物流服务供应商。Takebayashi[42]分析了航空公司与顾客之间在航空票价上的博弈，并以东京成田国际机场作为案例进行分析，结果表明降低着陆费用能够增加空港的客流量，但是会削弱空港在太平洋地区的门户机场地位。Barrett[43]分析了 17 个空港的竞争案例，结果表明新商业化和私有化的空港对顾客和低价格的航空公司有更大的吸引力，很多未充分利用的空港通过吸引低成本的航空公司而增加了很大的客流量。Veldhuis 和 Essers[44]分析了西欧各空港的竞争情况，介绍了不同类型的空港可以采用的政策工具以促进自身的发展。McLay 和 Reynolds[45]分析了新空港竞争政策对爱尔兰各空港之间竞争的影响，认为在施行新的空港竞争政策前，要合理分析宏观经济及微观经济的各个方面。Pels 等[46]构建了分对数模型研究旧金山港湾区空港之间的竞争，结果表明准入时间对同一区域内的空港竞争有非常重要的影响。Martin 和 Roman[47]分析了空港的地理位置对航空公司入驻的影响，利用南大西洋各空港的数据进行了实证研究。Fernandes 和 Pacheco[32]从空港战略的角度，运用模糊多层次评价方法构建了空港竞争力评价模型，分析了管理措施对空港竞争力的影响。

在分析空港竞争力有哪些影响因素方面，孙继湖和谭康华[25]认为，空港竞争力的形成是一个复杂的过程，它涉及机场环境、资源和自身能力等因素。机场竞争力的强弱主要受机场所处的经济环境、机场运营规模、机场服务水平、机场连通性及政策等因素的影响。苏道明等[21]认为，空港竞争力形成的支撑基础为空港资源，空港竞争力形成的内部根源为空港能力，空港竞争力形成的外部影响因素为空港经营环境，空港竞争力的市场表现为顾客价值和空港自身利益，空港竞争力优化的目标与结果为竞争优势，并定性地构建了空港竞争力形成机理的概念模型。

前一方面以国外文献为主，分析的影响因素包括战略、定价、准入时间、政策、地理位置等各方面，但没有对如何提取空港的重要影响因素进行分析。因为空港竞争力的影响因素是相互联系的，提取重要影响因素能够更好地把握这些影响因素的影响程度。

后一方面以国内文献为主，分析影响空港竞争力的因素有哪些，但是定性研究较多，量化研究不足，并未分析这些影响因素中哪些对空港竞争力影响大，哪些是根本性的影响因素。

2.2.6 空港联盟化发展

现阶段，国内外对空港联盟问题进行了一定的研究。Malighetti等[48]用依赖时间的最小路径方法计算了欧洲空港网络的每组空港之间的最少旅行时间（包括飞行时间和等待时间），结果表明在最快的间接空港连接中，2/3的空港之间是不联盟的，所以空港应该采用"自身枢纽化"的战略，而不是依托大空港发展。林华[49]介绍了珠江三角洲地区空港的联盟之路，分析了香港、深圳、广州、珠海四大空港各自情况与联盟需求，为其他空港联盟提供了参考。张建森[50]分析了香港国际机场与深圳宝安国际机场现有的合作及存在的问题，并分析了两者联盟的必要性，最后介绍了合作的方式和内容。刘正[51]认为空港联盟是民航体制改革的必然产物，也是空港的实际需求，并讨论了空港联盟的发展模式和所起的作用。孙永强[52]分析了长江三角洲地区各空港的实际情况，并分析了各空港联盟的具体方式和内容。任新惠[53]从组织架构、联盟方式和内容、纵向联盟合作、深化合作等几方面分析了空港联盟真正产生合力、共同发展的途径。隋秀勇[54]分析了国内现有的几家空港联盟，认为空港联盟可以实现优势互补，但是也存在很多的隐忧需要加以防范。周扬[55]分析了大连机场牵头组成的东北机场联盟面临的实际问题，以及如何进行实质性的合作。韦薇和夏洪山[56]分析了长江三角洲地区各空港各自为政、与经济社会发展不协调等基本情况，通过解析长江三角洲地区航空业可持续发展的制约因素，认为空港联盟是解决现有的一条非常有效的途径。Forsyth 等[57]运用工业与交易成本经济学分析了影响空港联盟的主要驱动力，并分析了空港之间的竞争及竞争策略对空港联盟的影响。Albers 等[58]运用概念路径方法分析了空港与航空公司在哪些方面可以联盟，将联盟类型分为三类：基于能力的联盟、基于市场的联盟和基于安全的联盟，并以德国汉莎航空股份公司与慕尼黑机场为例进行研究。Pitt 等[59]分析了空港在设施管理方面的联盟的结构与特点，以及面临的竞争与管理复杂性的问题，结果表明空港联盟所面临的问题可以通过良好的合作有效解决。

综上所述，现有文献未明确分析影响空港联盟决策的因素。现有研究定性分析较多，更多的焦点放在空港联盟的优缺点上，而没有分析影响因素，针对性建议不足。

第 3 章 中国空港竞争力影响因素识别

3.1 模型构建

3.1.1 DEMATEL 方法介绍

在影响因素识别领域，DEMATEL（decision-making trial and evaluation laboratory）模型是常用的一个算法。DEMATEL 模型是美国巴特尔纪念研究所的科学与人类事物项目组于 1972～1976 年提出用来研究和解决复杂问题的方法[11]。它可以改进对特定相互关联的问题群和复杂簇问题的理解，也可以通过分类来确定可行解。不同于层次分析法等方法，DEMATEL 方法不需要元素是独立的，并且可以通过因果关系图确定系统各元素的相互关联性，从而从众多影响因素中识别出根本性的影响因素，为管理问题的解决提供决策依据。

国内外学者对 DEMATEL 方法及其应用进行了一定的研究。Wu[60]利用分析网络方法（analytic network process，ANP）和 DEMATEL 方法研究了台湾多家公司知识管理战略的选择。Kim[61]结合 DEMATEL、主成分分析（principal component analysis，PCA）和层次分析法（analytic hierarchy process，AHP）方法研究了菜牛养殖的影响机理和评估韩国的农业信息。Shieh 等[62]利用 DEMATEL 方法确定了台湾医院服务质量的关键因素。Tseng 和 Lin[63]运用模糊 DEMATEL 方法构建了因果关系分析模型，评估了马尼拉的城市固体废弃物管理水平。Tseng[64]运用灰色模糊 DEMATEL 方法评估了房地产经纪人的服务水平，它首先用三角模糊数确定方案与指标之间的权重，其次用灰色方法对方案进行排序，最后用 DEMATEL 方法来评估指标之间的相互关联。Lin 和 Tzeng[65]从人力资源、技术资源、投资环境、市场开发四方面建立指标体系，运用 DEMATEL 方法区分了影响企业选择合理产品、研发和市场战略的决定性因素。Yang 和 Tzeng[66]运用 ANP 方法和 DEMATEL 方法构建了综合多准则决策方法，首先运用 DEMATEL 方法分析各指标之间的相互关系及指标对方案的影响程度，然后运用 ANP 方法分析指标的相对重要性。Wu 和 Lee[67]运用模糊逻辑和 DEMATEL 方法来分析素质开发各因素之间的关系，为管理者提供有价值的参考。Tzeng 等[68]运用层次分析法和模糊积分评估主观认知环境的影响，运用 DEMATEL 方法进行主观认知的因素识别和指标相互关系分析。Chang 等[69]运用模糊 DEMATEL 方法挖掘选择供应商的影响因素，结果表明稳定的供货是选择供应商最重要的影响因素和对其他指标影响最大的因素。Li 和 Tzeng[70]利用最大平均熵值法确定阈值，运用 DEMATEL 方法分析知识产权保护服务的影响因素之间的相互关系。Tsai 和 Chou[71]首先运用 DEMATEL 方法分析中小企业可持续发展的影响因素之间的相互关系，然后利用 ANP 计算影响因素的权值，最后利用 0-1 目标规划得到最优解。J. K. Chen 和 I. S. Chen[72]结合 DEMATEL、模糊 ANP、逼近于理想解的排序技术（technique for order preference by similarity to an ideal solution，TOPSIS），提出一种新的多准则决策方法，并用来分析台湾高等学校的创新绩效。Tseng[73]结合模糊与 DEMATEL 方法，提出一种可以用来评估台湾英文酒店的服务质量的新方法。

传统 DEMATEL 方法中的几个关键定义如下。

定义 1：定义直接关联矩阵 $B = (b_{ij})_{n \times n}$，其中 b_{ij} 为第 i 个指标对第 j 个指标的影响程度。

定义 2：定义归一化的直接关联矩阵 X。$X = s \cdot B$，其中 $s = \dfrac{1}{\max\limits_{1 \leqslant i \leqslant n} \sum\limits_{j=1}^{n} b_{ij}}$，$i, j = 1, 2, \cdots, n$。

$$X = (x_{ij})_{n \times n} = \dfrac{1}{\max\limits_{1 \leqslant i \leqslant n} \sum\limits_{j=1}^{n} b_{ij}} \cdot B$$

定义 3：定义全关联矩阵 T。$T = X(I - X)^{-1}$，其中 $(I - X)^{-1}$ 为 $I - X$ 的逆，I 为单位矩阵。

定义 4：定义各指标的突出度和关联度。令

$$T = (t_{ij})_{n \times n}$$

$$D = (t_{i.})_{n \times 1} = \left(\sum_{j=1}^{n} t_{ij} \right)_{n \times 1}$$

$$R = (t_{.j})_{1 \times n} = \left(\sum_{i=1}^{n} t_{ij} \right)_{1 \times n}$$

将 $D_i + R_i$ 定义为指标 i 的突出度，其值越大，证明此指标的重要性越大。将 $D_i - R_i$ 定义为指标 i 的关联度，可以用来区分原因组和结果组，如果指标 i 的 $D_i - R_i$ 大于 0，则此指标属于原因组；如果指标 i 的 $D_i - R_i$ 小于 0，则此指标属于结果组。在众多影响因素中，结果组中的影响因素是原因组中影响因素的影响结果。

从上述定义可以看出，运用 DEMATEL 模型分析各指标之间的影响关系的关键是建立直接关联矩阵。

在现有文献的研究中，建立直接关联矩阵的方法大多是调查问卷和专家打分评

定，但是通过调查问卷或者专家打分建立直接关联矩阵具有以下缺点：对于很多复杂问题来说，其影响因素非常多，组织专家组进行打分或者通过调查问卷收集结果再进行处理，实现起来难度较大。这极大地影响了 DEMATEL 模型的应用范围。

3.1.2　BP 神经网络介绍

BP（back propagation，反向传播）神经网络是现在应用最为广泛的神经网络。它采用光滑活化函数，具有一个或多个隐层，相邻两层之间通过权值全连接。它是前传网络，即所处理的信息逐层向前流动。而当学习权值时，根据理想输出与实际输出的误差，由前向后逐层修改权值[74]。

BP 神经网络的拓扑结构见图 3.1。

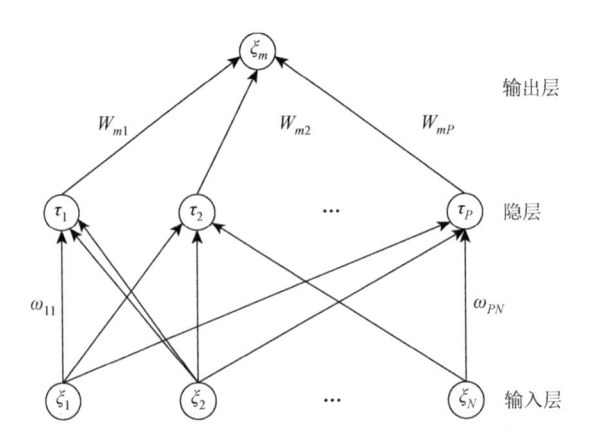

图 3.1　BP 神经网络的拓扑结构

选定一个非线性光滑活化函数 $g: R^1 \rightarrow R^1$ 和权矩阵 $W^0 = \{W_{mp}^0\}_{M \times P}$ 及权矩阵 $\omega^0 = \{\omega_{pn}^0\}_{1 \leqslant p \leqslant P, 1 \leqslant n \leqslant N}$ 之后，对任一输入信息向量 $\xi = (\xi_1, \cdots, \xi_N) \in R^N$，网络的实际输出为

$$\varsigma_m^0 = g(W_m^0 \cdot \tau^0) = g\left(\sum_{p=1}^{P} W_{mp}^0 \cdot \tau_p^0\right), \quad m = 1, 2, \cdots, M$$

其中，隐层输出为

$$\tau_P^0 = g(\omega_p^0 \cdot \xi) = g\left(\sum_{n=1}^{N} \omega_{pn}^0 \cdot \xi_n\right), \quad p = 1, 2, \cdots, P$$

现在，假设给定一组样本输入向量 $\{\xi_j\}_{j=1}^{J} \subset R^N$ 及相应的理想输出 $\{o_m\}_{m=1}^{M} \subset R^M$，

并记 $\{\varsigma_m\}_{m=1}^{M} \subset R^M$ 为相应的网络实际输出。定义误差函数

$$E(W,\omega)=\frac{1}{2}\sum_{m=1}^{M}\|o_m-\varsigma_m\|^2=\frac{1}{2}\sum_{j=1}^{J}\sum_{m=1}^{M}\left[o_m^j-g\left(\sum_{p=1}^{P}W_{mp}g(\sum_{n=1}^{N}\omega_{pn}\xi_n^j)\right)\right]^2$$

其中，$\|\cdot\|$ 为欧式范数。

权值矩阵 W 和 ω 的确定（即学习过程）应使误差函数 $E(W,\omega)$ 达到极小。

3.1.3 BP-DEMATEL 方法介绍

基于传统 DEMATEL 方法的不足，本书尝试用 BP 神经网络来求解各指标之间的直接关联矩阵。

BP 神经网络的训练过程就是通过学习过程求解权值矩阵 W 和 ω 使误差函数 $E(W,\omega)$ 达到极小的过程。可以看出，决定 BP 神经网络效果的就是权值矩阵 W 和 ω。

求解权值矩阵 W 和 ω 的一个经典方法是梯度下降法，但是传统的梯度下降法存在收敛速度慢、计算量大和易陷入局部最小等缺点[75]。为此本书采用引入动量项的自适应变速率的梯度下降法来训练 BP 神经网络，算法步骤如下。

（1）运用传统梯度下降法计算权值改变量。

$$\Delta W_{mp}(t)=-\eta_1(t)\frac{\mathrm{d}E}{\mathrm{d}W}$$

$$\Delta \omega_{pn}(t)=-\eta_2(t)\frac{\mathrm{d}E}{\mathrm{d}\omega}$$

其中，$\eta_1(t)$ 与 $\eta_2(t)$ 为学习速率。

（2）加入动量项。

$$\Delta W_{mp}(t+1)=-\eta_1(t)\frac{\mathrm{d}E}{\mathrm{d}W}+\alpha_1\Delta W_{mp}(t)$$

$$\Delta \omega_{pn}(t+1)=-\eta_2(t)\frac{\mathrm{d}E}{\mathrm{d}\omega}+\alpha_2\Delta \omega_{pn}(t)$$

其中，α_1 和 α_2 为动量因子。

（3）更新权值。

$$W_{mp}(t+1)=W_{mp}(t)+\Delta W_{mp}(t+1)$$

$$\omega_{pn}(t+1)=\omega_{pn}(t)+\Delta \omega_{pn}(t+1)$$

（4）更新学习速率和动量项。

如果 $t+1$ 步权值改变后,误差 E 减小,则 $t+2$ 步时将 η_1 和 η_2 放大且令 $\alpha_1 > 0$ 及 $\alpha_2 > 0$。

如果 $t+1$ 步权值改变后,误差 E 增大,则 $t+2$ 步时将 η_1 和 η_2 减小且令 $\alpha_1 = 0$ 及 $\alpha_2 = 0$。

(5) 重复步骤 (1)~(4),直到 $E(W, \omega)$ 达到极小,从而求得权值矩阵 W 和 ω。

利用 BP 神经网络的特点,可以根据目标输出和输入值求得权值矩阵 W 和 ω,它们的积可以用来衡量各指标对目标输出的影响程度及各指标相互之间的影响程度。

基于此,本书提出 BP-DEMATEL 模型的计算步骤。

(1) 在运用 BP 神经网络前,成本型指标值要转化成效益型指标值。即如果 x' 为成本型指标,则取 $x = \dfrac{1}{x'}$。

(2) 假设影响因素矩阵为 $x = (x_{ti})_{m \times n}$,目标指标矩阵为 $y = (y_t)_{m \times 1}$,归一化 x 和 y,得到 $\bar{x}$ 和 $\bar{y}$。

(3) 将 $\bar{y}$ 作为 BP 神经网络的目标输出向量,将 $\bar{x}$ 作为 BP 神经网络的输入向量,运用引入动量项的自适应变速率的梯度下降法训练 BP 神经网络,得到输入层与隐层的权值矩阵 $(W_i)_{n \times l}$ 和隐层与输出层的权值向量 $(\omega_i)_{l \times 1}$,其中 l 为隐层神经元的个数。

(4) 计算整体权值向量 $w = \mathrm{mean}(|W| \times |\omega|)$,其中 $w = (w_1, w_2, \cdots w_n)$,$|\cdot|$ 代表每个矩阵元素都取绝对值,mean 函数的功能是如果 $|W| \times |\omega|$ 的行数大于 1,则对 $|W| \times |\omega|$ 的每列取平均值。

(5) 计算各影响因素指标的直接关联矩阵

$$B = (b_{ij})_{n \times n} = \begin{pmatrix} b_{11} & b_{12} & \cdots & b_{1n} \\ b_{21} & b_{22} & \cdots & b_{2n} \\ \vdots & \vdots & & \vdots \\ b_{n1} & b_{n2} & \cdots & b_{nn} \end{pmatrix}$$

其中,$b_{ii} = 0$,$b_{ij} = \dfrac{w_i}{w_j}$(如果 $w_j = 0$,则 $b_{ij} = 0$)为第 i 个影响因素指标相对于第 j 个影响因素指标的重要性。

(6) 归一化直接关联矩阵

$$X = (x_{ij})_{n \times n} = \dfrac{1}{\max\limits_{1 \leq i \leq n} \sum\limits_{j=1}^{n} b_{ij}} \cdot B$$

(7) 计算全关联矩阵

$$T = X(I - X)^{-1}$$

其中,$(I - X)^{-1}$ 为 $I - X$ 的逆,I 为单位矩阵。

第 3 章　中国空港竞争力影响因素识别

（8）建立因果关系图。定义 D 为 T 的各行之和，R 为 T 的各列之和。

$$T = (t_{ij})_{n \times n}$$

$$D = (t_{i.})_{n \times 1} = \left(\sum_{j=1}^{n} t_{ij} \right)_{n \times 1}$$

$$R = (t_{.j})_{1 \times n} = \left(\sum_{i=1}^{n} t_{ij} \right)_{1 \times n}$$

BP-DEMATEL 算法的优点如下。

（1）传统的 DEMATEL 方法可以用 $D-R$ 的大小来区分各指标哪些属于原因组及哪些属于结果组，并且可以用 $D+R$ 的大小来判断各指标的重要性，本算法保留了传统 DEMATEL 方法的优点。

（2）本算法利用 BP 神经网络求得的权值替代传统 DEMATEL 方法中通过调查问卷或专家打分来求解各影响因素指标之间的关联矩阵，可以大大节省计算量，利用 BP 神经网络求解直接关联矩阵使分析结果更具有可信度，也使得 DEMATEL 算法的应用范围大大扩展，可以为管理者进行决策提供有价值的参考。

3.2　影响因素识别

3.2.1　影响因素指标构建

空港竞争力影响因素指标体系是由一系列具有内在联系的指标组成，可以从多个角度反映空港行业的实际情况，因此指标体系的建立有助于研究的定量化、条理化和可操作化。

总结国内外学者的研究成果发现，空港竞争力的影响因素主要包括区域发展、自身实力、市场状况和支撑产业四个方面。在静态竞争力方面，通过总结国内外知名学者与研究机构的研究成果，如瑞士洛桑国际管理学院[76]、中国社会科学院[77]等，可以得出静态竞争力的测量指标主要为市场份额和资源利用率。空港竞争力影响因素指标体系如表 3.1 所示。

表 3.1　空港竞争力影响因素指标体系

指标分类	一级指标	二级指标
结果 度量指标	空港竞争力	主营业务收入（万元） 资产回报率

续表

指标分类	一级指标	二级指标
空港竞争力影响因素指标	区域发展	GDP（亿元） 第三产业产值（亿元） 高等学校毕业生数（万人）
	自身实力	飞行区等级 [1)] 大专及以上学历员工比例 资产总额（亿元） 年投资额（亿元） 货邮吞吐量（万吨） 旅客吞吐量（万人次）
	市场状况	城市居民交通支出（元） 服务半径（万人）[2)] 城市固定资产投资额（亿元）
	支撑产业	公路、铁路和水路总客运量（万人次） 公路、铁路和水路总货运量（万吨） 旅游总收入（亿元）

1）飞行区等级是表示飞行区设施的规模与水平的一种方法，划定飞行区等级的依据是飞行区设施所能适应吨位最大的航空器。目前我国各大空港的等级为 4F、4E.60、4E.45、4E、4C 等几个级别，对应的可量化等级[78]为 5、4.5、4、3、2 等

2）服务半径（距离机场 100 千米内）内人数是依据中国民用航空局对机场服务半径的定义："地面交通 100 千米或 1.5 小时车程为机场服务半径指标"，为了方便量化，本书选取"距离机场 100 千米内的直辖市及地级市人数"作为机场的服务半径

3.2.2 计算结果

本书选取广州、上海（浦东国际机场）、深圳、厦门、北京（首都国际机场）、海口、济南、杭州、重庆、乌鲁木齐、西安、大连、武汉、沈阳、哈尔滨、三亚、太原、郑州、青岛、昆明、成都、天津、南京、宁波、长沙等 25 个城市的空港 2010 年的数据作为基本数据，进行实证研究。其中，服务半径数据根据定义计算得到，上市空港（北京、上海、深圳、广州、厦门、海口）的大专及以上学历员工比例、资产总额、年投资额、资产回报率和主营业务收入来自上市公司年报，其他空港的大专及以上学历员工比例、资产总额、年投资额、资产回报率和主营业务收入来自研究报告和网络数据，其他指标数据来自各城市统计年鉴。

将主营业务收入和资产回报率归一化后取平均值，作为 BP 神经网络的输出向量，利用本书提出的 BP-DEMATEL 模型和 Matlab 编程计算出各指标的 $D+R$ 值和 $D-R$ 值，见表 3.2。

第3章 中国空港竞争力影响因素识别

表3.2 用 BP-DEMATEL 模型计算的各影响指标的 $D+R$ 值和 $D-R$ 值

指标	$D+R$	$D-R$
1. GDP	0.6425	0.2914
2. 第三产业产值	0.6896	−0.3873
3. 高等学校毕业生数	0.6572	0.3237
4. 飞行区等级	0.6308	−0.2634
5. 大专及以上学历员工比例	0.5770	−0.0417
6. 资产总额	0.9325	−0.7455
7. 年投资额	0.6222	0.2412
8. 货邮吞吐量	0.7501	−0.4899
9. 旅客吞吐量	1.2775	0.7556
10. 城市居民交通支出	0.6287	0.2582
11. 服务半径	0.8163	0.5890
12. 城市固定资产投资额	0.5890	−0.1280
13. 公路、铁路和水路总客运量	0.6330	0.2688
14. 公路、铁路和水路总货运量	0.7067	−0.4179
15. 旅游总收入	0.5779	−0.0536

各指标的因果关系图如图3.2所示。

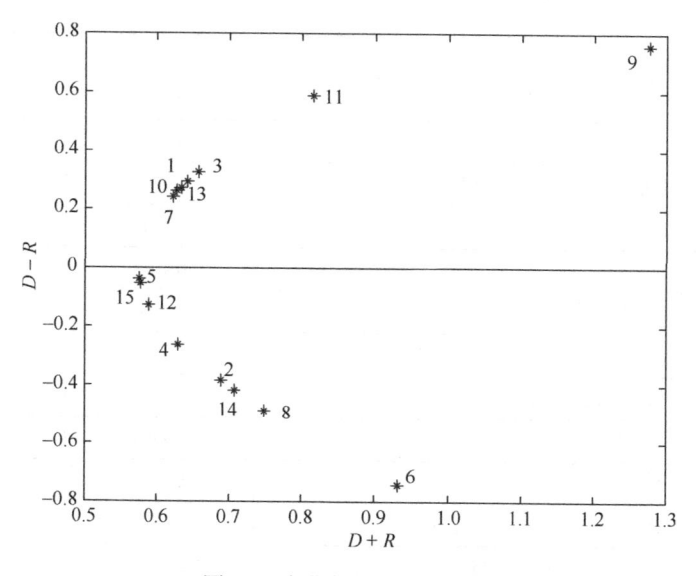

图3.2 各指标的因果关系图

3.2.3 结果分析

从表 3.2 和图 3.2 可以看出,根据 $D+R$ 值,对中国空港竞争力影响最大的指标是旅客吞吐量,其次是资产总额和服务半径,其他指标相对影响较小。这说明推动中国空港竞争力提升的主导因素是旅客吞吐量的增加和资产总额的增多,而空港的地理位置决定了空港的服务半径,在一定程度上也决定着旅客吞吐量,是对空港竞争力有重大影响的因素。

根据 $D-R$ 值,在中国空港竞争力影响因素的 15 个指标中,原因型影响因素为 GDP,高等学校毕业生数,年投资额,旅客吞吐量,城市居民交通支出,服务半径,以及公路、铁路和水路总客运量等 7 个指标,其余 8 个指标为结果型影响因素。这说明这 8 个结果型影响指标是 7 个原因型影响指标的影响结果,所以要提升空港竞争力,要从这 7 个原因型影响指标入手。

为了验证算法的有效性,本书请专家组对影响空港竞争力的 15 个指标进行打分来构建直接关联矩阵,打分范围为 0 分到 3 分:0 代表几乎没有影响,3 代表有极大的影响。专家组有 6 位专家,通过打分构建直接关联矩阵并利用传统 DEMATEL 模型得到各指标的 $D+R$ 值和 $D-R$ 值如表 3.3 所示。

表 3.3 用传统 DEMATEL 模型得到的各指标的 $D+R$ 值和 $D-R$ 值

指标	$D+R$	$D-R$
1. GDP	0.5253	0.6635
2. 第三产业产值	0.4836	−0.3760
3. 高等学校毕业生数	0.4654	−0.1098
4. 飞行区等级	0.4765	−0.3009
5. 大专及以上学历员工比例	0.7702	−0.5055
6. 资产总额	0.6237	−0.0769
7. 年投资额	0.4779	0.3177
8. 货邮吞吐量	0.9104	−1.8345
9. 旅客吞吐量	1.4969	0.4860
10. 城市居民交通支出	0.6936	0.2970
11. 服务半径	0.4803	0.3428
12. 城市固定资产投资额	0.5567	−0.8169
13. 公路、铁路和水路总客运量	0.6393	0.1293
14. 公路、铁路和水路总货运量	0.4701	−0.2125
15. 旅游总收入	0.6621	0.2023

第3章 中国空港竞争力影响因素识别

通过比较表 3.2 和表 3.3 可知，在 $D+R$ 值方面，对中国空港竞争力影响最大的指标都是旅客吞吐量，而在表 3.3 中，第二位和第三位的指标分别为货邮吞吐量和大专及以上学历员工比例，这一点与表 3.2 有所不同。在 $D-R$ 值方面，表 3.3 得到原因型影响因素为 GDP，年投资额，旅客吞吐量，城市居民交通支出，服务半径，旅游总收入，以及公路、铁路和水路总客运量等 7 个指标，而表 3.2 得到的原因型影响指标为 GDP，高等学校毕业生数，年投资额，旅客吞吐量，城市居民交通支出，服务半径，以及公路、铁路和水路总客运量等 7 个指标。这说明在原因型影响因素的识别上，BP-DEMATEL 的准确率为 85.7%，但是因为 BP-DEMATEL 大大节省了计算量及拓展了应用范围，所以运用 BP-DEMATEL 进行影响因素识别具有较强的科学性和现实性。

我们用未引入动量项的自适应变速率的梯度下降法来训练 BP 神经网络，得到的结果如表 3.4 所示。

表 3.4 用未引入动量项的自适应变速率的 BP-DEMATEL 计算的各影响指标的 $D+R$ 值和 $D-R$ 值

指标	$D+R$	$D-R$
1. GDP	0.7085	−0.5580
2. 第三产业产值	0.6249	−0.1520
3. 高等学校毕业生数	0.6191	0.0618
4. 飞行区等级	0.6544	−0.3511
5. 大专及以上学历员工比例	1.1182	−0.3877
6. 资产总额	0.7358	−0.6392
7. 年投资额	0.6228	0.1266
8. 货邮吞吐量	0.6504	−0.3311
9. 旅客吞吐量	0.6243	0.1455
10. 城市居民交通支出	0.6184	0.0389
11. 服务半径	0.6332	0.2265
12. 城市固定资产投资额	0.6223	0.1204
13. 公路、铁路和水路总客运量	0.6571	−0.3640
14. 公路、铁路和水路总货运量	0.6180	−0.0040
15. 旅游总收入	0.6451	−0.3028

通过比较表 3.3 和表 3.4 可知，在表 3.4 中，在 $D+R$ 值方面，对中国空港竞争力影响最大的指标是大专及以上学历员工比例，第二位和第三位的指标分别为资产总额和 GDP，这一点与表 3.3 有所不同。在 $D-R$ 值方面，表 3.4 得到原因型

影响因素为高等学校毕业生数、年投资额、旅客吞吐量、城市居民交通支出、服务半径和城市固定资产投资额等 6 个指标,而表 3.3 得到的原因型影响指标为GDP,年投资额,旅客吞吐量,城市居民交通支出,服务半径,旅游总收入,以及公路、铁路和水路总客运量等 7 个指标。这说明在原因型影响因素的识别上,未引入动量项的自适应变速率的 BP-DEMATEL 的准确率为 57.14%,而在影响程度最大指标的识别上,准确率比较低。

从运行时间上看,用引入动量项的自适应变速率的 BP 神经网络与 DEMATEL 方法的总体运行时间为 0.125 秒,而未引入动量项的自适应变速率的 BP 神经网络与 DEMATEL 方法的总体运行时间为 4.337 秒。

以上两方面都说明引入动量项的自适应变速率能够很好地改善 BP 神经网络的性能。

3.3 本章小结

将 DEMATEL 方法运用到空港竞争力影响因素研究中,并对传统 DEMATEL 方法进行了改进,提出了 BP-DEMATEL 方法,它解决了传统 DEMATEL 中构建直接关联矩阵依赖专家打分或者问卷调查的缺点,BP-DEMATEL 方法利用 BP 神经网络训练设定的目标指标和影响因素指标,求得目标指标和影响因素指标的权值,并利用权值构建指标之间的直接关联矩阵。该模型能够很好地分析空港竞争力影响因素指标之间的关系,可以从中提取出原因型指标,从而为空港竞争力构建提供理论支撑和着手点。BP-DEMATEL 方法丰富了影响因素研究的理论与方法,为有效地提取根本性影响因素提供了可能性。

根据 BP-DEMATEL 方法在空港竞争力影响因素的应用结果可知,影响空港竞争力的原因型因素为 GDP,高等学校毕业生数,年投资额,旅客吞吐量,城市居民交通支出,服务半径,以及公路、铁路和水路总客运量等 7 个指标,而对空港竞争力影响最大的 3 个因素是旅客吞吐量、资产总额和服务半径。这说明空港所在区域的发展、空港市场状况和支撑产业中的指标更多的是原因型影响指标,而空港自身实力是结果型影响指标,区域发展、市场状况和支撑产业及空港自身投资一起构成了驱动空港竞争力提升的动力。

根据影响因素分析结果,要提升空港竞争力,可以从以下几个方面着手。

(1) 空港竞争力的提高离不开所在区域的发展和支撑产业的发展,空港所在城市应该积极开拓思维帮助空港提升竞争力:①利用积极就业政策吸引当地高校毕业生就近就业,也促进交通、技术、管理等专业的毕业生到空港就业,提升空港人才的整体素质和水平。②积极发展经济,为空港提升竞争力提供坚强的经济后盾。③积极开拓思维,优化与航空和其他交通运输方式的衔接,更多地着眼于打造临港经济、航空城和综合交通枢纽三位一体的发展模式来解决空港发展问题。

(2) 空港竞争力的提高离不开市场的改善：①空港应该充分发挥自身优势，吸引更多国内和国际航空公司的入驻，尤其在国际航班方面，由于现有的国际航班有限，国际航空公司大多倾向于选择一个机场作为飞往其他地区的中转点，空港应该利用自身地理优势，吸引国际航班入驻，为自身竞争力提升带来先动优势。②积极实施开放的航空政策。开放的航空政策有利于建立一个公平的竞争环境，也能够为机场吸引更多的国外航空公司，吸引更多的客源，增强枢纽港的实际运作能力。

(3) 空港竞争力的提高离不开自身投资的增加：①增加投资可以提升空港的飞行区等级，完善空港的软硬件条件，提升空港的经营能力，能够为争取到更多的客源提供保障。②增加投资可以促进就业、缴纳利税，也可以运用价格、效率、服务等优势吸引客源，增强与高铁等其他高效交通工具的竞争力，刺激服务半径内人均乘机次数和人均航空运输支出，为空港赢得稳定客源，提高单位架次的载客量。③增加投资可以促使空港探索可替代能源，优化用电设施配置以节约用电量，采用隔离墙以解决航空器噪声问题，避免对乘客和周边居民造成噪声污染。当然，空港要避免盲目扩建，应加强管理，从加强资产、航班、人力等方面提高资源利用效率，保证可持续发展。

需要指出的是，BP-DEMATEL 方法适用于目标指标已知的情况，这会影响方法的适用范围，在未来的研究中，应该从拓展适应范围角度对这一主题进行深入研究。

第4章 中国空港竞争力动态形成机理

4.1 指标体系

根据现有文献的研究和产业经济学中的经典理论，如演化理论[76]、集聚理论[77]、分形理论[79]等，空港竞争力的影响因素包含四方面：区域发展、生产要素、需求状况和支撑产业。区域发展用来描述空港所在城市的发展状况，包含四个子指标：GDP、第三产业产值比例、城市研发（research and development，R&D）投入和高等学校毕业生数。生产要素描述空港的内部条件，它也包含四个子指标：飞行区等级、大专及以上学历员工比例、资产总额和空港自身投资额。需求状况描述空港面临的市场状况，它包含四方面：城市居民交通支出、服务半径、城市固定资产投资额和入驻空港的航空公司数量。支撑产业用来描述相关产业的发展状况，它包含三方面指标：公路、铁路和水路总客运量，公路、铁路和水路总货运量，旅游总收入。在静态竞争力方面，通过总结国内外知名学者与研究机构的研究成果，如瑞士洛桑国际管理学院[80]、中国社会科学院[81]等，可以得出静态竞争力的测量指标主要为市场份额和资源利用率。本书将空港主营业务收入和资产回报率作为空港静态竞争力的衡量指标，具体指标体系见表4.1。

表4.1 空港静态竞争力衡量指标体系

指标分类	潜变量	可测变量
静态指标体系	空港竞争力 （competitiveness，Com）	主营业务收入（万元） 资产回报率
形成机理 指标体系	区域发展 （regional development，RD）	GDP（亿元） 第三产业产值比例 城市R&D投入（亿元） 高等学校毕业生数（万人）
	生产要素 （production factors，PF）	飞行区等级[1)] 大专及以上学历员工比例 资产总额（亿元） 空港自身投资额（万元）
	需求状况 （demand condition，DC）	城市居民交通支出（元） 服务半径（万人）[2)] 城市固定资产投资额（亿元） 入驻空港的航空公司数量（家）

续表

指标分类	潜变量	可测变量
形成机理 指标体系	支撑产业 （supporting industry，SI）	公路、铁路和水路总客运量（万人次） 公路、铁路和水路总货运量（万吨） 旅游总收入（亿元）

1）飞行区等级是表示飞行区设施的规模、水平的一种方法，划定飞行区等级的依据是飞行区设施所能适应吨位最大的航空器。目前我国各大空港的等级为 4F、4E.60、4E.45、4D、4C 等几个级别，对应的可量化等级为 5、4.5、4、3、2 等[78]。

2）服务半径（距离机场 100 千米内）内人数是依据中国民用航空局对机场服务半径的定义："地面交通 100 千米或 1.5 小时车程为机场服务半径指标"，为了方便量化，本书选取"距离机场 100 千米"内的直辖市及地级市人数"作为机场的服务半径[78]。

4.2 空港竞争力静态形成机理

本部分将用到结构方程模型（structural equation model，SEM）。结构方程模型由潜变量层和可测变量层组成，是一个用来分析变量之间关系的线性统计模型。它的原理是：首先给出一些潜变量层的假设，然后构建结构方程模型来验证这些假设，最后得到相关的关系方程[82]。

4.2.1 假设条件

根据国内外学者对竞争力的影响因素和影响机理的研究成果，结合空港的度量指标，在潜变量层提出如下假设。

H4.1：区域发展对空港竞争力有正向影响关系。
H4.2：区域发展对需求状况有正向影响关系。
H4.3：需求状况对生产要素有正向影响关系。
H4.4：需求状况对支撑产业有正向影响关系。
H4.5：支撑产业对空港竞争力有正向影响关系。
H4.6：支撑产业对生产要素有正向影响关系。
H4.7：生产要素对空港竞争力有正向影响关系。

4.2.2 模型检验

结构方程检验主要有信度检验和效度检验两种。

1. 信度检验

信度检验包含内部一致性信度与合成信度两种。

内部一致性信度通常使用 Cronbach'α 作为衡量指标，一般要求其大于 0.6。本书的 5 个潜变量的 Cronbach'α 如表 4.2 所示。

表 4.2 内部一致性信度检验结果

内部一致性	空港竞争力	区域发展	需求状况	生产要素	支撑产业
Cronbach'α	0.6352	0.7036	0.8241	0.6674	0.6355

在合成信度方面，通常采用组合信度（composite reliability，CR）作为衡量指标，CR 的计算公式为

$$CR_j = \frac{\left(\sum_{h=1}^{p_j} \lambda_{jh}\right)^2}{\left(\sum_{h=1}^{p_j} \lambda_{jh}\right)^2 + \sum_{h=1}^{p_j} \theta_{jh}}$$

式中，λ_{jh} 为第 j 个潜变量的第 h 个可测变量的权重；θ_{jh} 为第 j 个潜变量的第 h 个可测变量的测量误差。本书的 5 个潜变量的 CR 值如表 4.3 所示。

表 4.3 合成信度检验结果

合成信度	空港竞争力	区域发展	需求状况	生产要素	支撑产业
CR 值	0.6921	0.7576	0.8671	0.6985	0.6433

2. 效度检验

判别效度是判断一个概念和另一个概念的差异程度。采用比较平均方差提取值（average variance extracted，AVE）的平方根与其他潜在变量的相关系数的绝对值：如果 AVE 的平方根大于相关系数，则表明判别效度存在，即变量之间存在明显差异，本书判别效度检验的结果如表 4.4 所示。

表 4.4 判别效度检验的结果

项目	空港竞争力	区域发展	需求状况	生产要素	支撑产业
空港竞争力	0.8569				
区域发展	0.7632	0.9449			
需求状况	0.6345	0.6958	0.9655		
生产要素	0.4122	0.5311	0.5421	0.8512	
支撑产业	0.5825	0.6054	0.3014	0.3542	0.8137

内敛效度主要看 AVE 值。AVE 的临界值为 0.5，其计算公式为

$$\mathrm{AVE}_j = \frac{\sum_{h=1}^{p_j} \lambda_{jh}^2}{\sum_{h=1}^{p_j} \lambda_{jh}^2 + \sum_{h=1}^{p_j} \theta_{jh}^2}$$

式中，λ_{jh} 为第 j 个潜变量的第 h 个可测变量的权重；θ_{jh} 为第 j 个潜变量的第 h 个可测变量的测量误差。AVE 值如表 4.5 所示。

表 4.5　内敛效度检验的结果

内敛效度	空港竞争力	区域发展	需求状况	生产要素	支撑产业
AVE 值	0.7342	0.8929	0.9322	0.7245	0.6621

总之，在信度检验方面，Cronbach'α 和 CR 的值都大于 0.6，符合要求；在效度检验方面，AVE 值的平方根均大于潜变量相关系数的绝对值，且 AVE 值均大于 0.5。这表明整个模型完全通过检验。

4.2.3　运行结果

选取广州、上海、深圳、厦门、北京、海口、济南、重庆、乌鲁木齐、西安、大连、武汉、沈阳、哈尔滨、三亚、长沙、杭州、太原、郑州、青岛、昆明、成都、天津、南京、宁波等 25 个城市的空港 2006~2010 年的数据作为基本数据进行实证研究。根据产业聚集理论[77]和产业分形理论[79]，这 25 个空港能够体现中国空港竞争力的整体状况，所以研究这 25 个空港竞争力具有足够的代表性，也可以丰富中国空港竞争力形成机理理论。

本书采用 Visual-PLS 软件进行实证检验，并通过残差的平方和（residual square，RSq）来验证模型的解释情况，具体试验结果见图 4.1。

从图 4.1 可以看出，全部的 RSq 都比较高，这说明模型具有很好的解释能力。而通过分析标准化路径系数和 t 值，最小的 t 值为 1.078，虽然比较小，但是也达到了显著性水平 0.05 的要求，所以全部可以得到支持。

通过图 4.1 可知，空港竞争力直接受区域发展、支撑产业、生产要素的正向影响，而需求状况通过生产要素和支撑产业对空港竞争力进行间接正向影响。同时，区域发展正向影响需求状况，支撑产业正向影响生产要素。

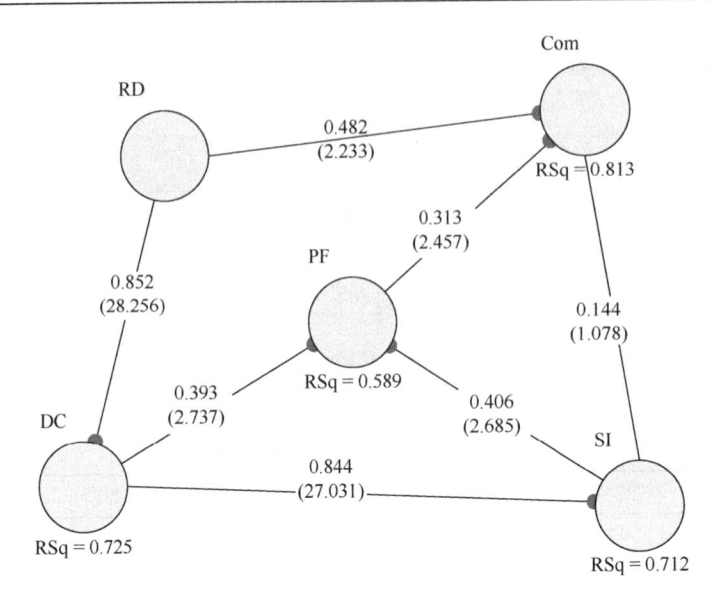

图 4.1　空港竞争力静态形成机理研究结果

4.3　动态形成机理模型

4.3.1　动态路径仿真

在现实情况中，空港发展不仅受自身条件和周边条件的支撑，还面临着周边空港的实际竞争。空港竞争力的形成过程是一个多方动态博弈的过程。竞争力强的空港，完全可以凭借技术、管理等方面的优势，从其他空港的服务半径内获取业务收入，扩充自身竞争力。而竞争力弱的空港，不但无法威胁其他空港的市场，服务半径内的市场也面临着被争夺的危险。这样就形成了以空港竞争力为核心的动态博弈过程。为了简化起见，本书假设同一区域内的两个空港进行博弈，动态博弈图见图 4.2。

从图 4.2 可以看出，一个空港竞争力的强弱会影响本空港的需求情况，还影响其他空港的需求市场情况，进而影响整个空港竞争力形成系统。而空港竞争力的提升不仅利于在既定市场上获取更多的业务，提升市场占有率，也为扩大生产要素的投入奠定坚实的基础。而且空港竞争力的提升与否，也会影响未来空港的区域发展，而未来的区域发展又会影响未来的空港竞争力，形成一个闭环。

4.3.2　动态流图设计

根据现有研究中国建筑业竞争力的文献[82]，结构方程是一种静态的、孤立的

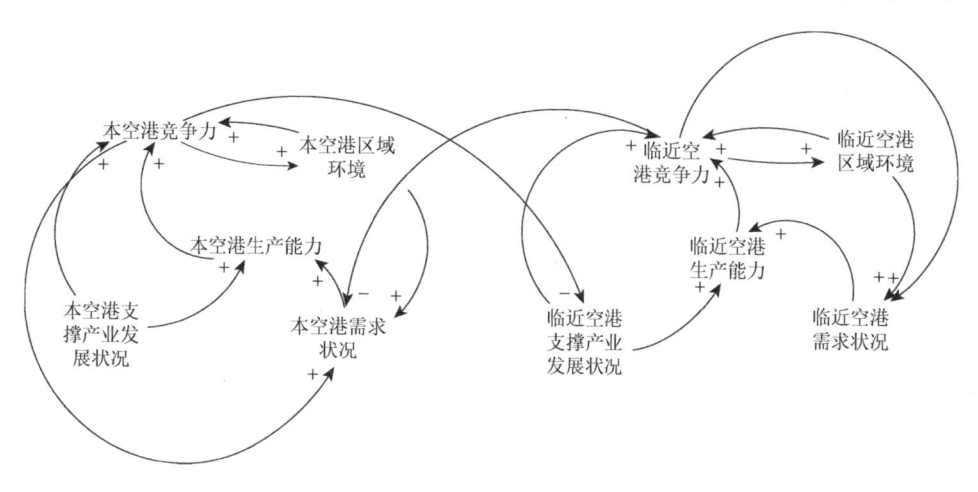

图 4.2 空港竞争力动态博弈图

研究方法，并不能反映空港竞争力的影响因素对空港竞争力的影响机理。所以要用到系统动力学，它的原理是：将空港竞争力的全部影响因素和相关变量作为一个系统，依据结构方程得到的动力方程构建影响因素之间、影响因素与相关变量、影响因素与空港竞争力之间的影响路径。变化相关变量的值或者影响因素的值，通过观察空港竞争力的变化情况，来提取对空港竞争力有重要影响的因素，从而为决策提供参考[83]。运用系统动力学模型的关键是构建影响路径，影响路径解决以下两个问题：两个变量之间是否有直接联系和两者之间的影响程度如何。本书依据结构方程模型得到的结果构建影响因素之间、影响因素与相关变量、影响因素与空港竞争力之间的影响路径。

一般情况下，系统投入可分为 3 类：人力投入、物质投入和财力投入。因此为了更好地分析这种影响机理，本书以人口（poplation，Pop）、城市投资（investment，Inv）、空港自身投资（own investment，Own Inv）为起点，利用 Vensim 软件建立系统动力学影响机理流图，如图 4.3 所示。

4.3.3 空港竞争力形成机理的动力方程

基于结构方程得到参数，构建动力方程。

1. 潜变量层与可测变量层之间的动力方程

1）区域发展（RD）

区域发展程度有四个可测变量：GDP、第三产业产值比例（Third）、城市 R&D 投入（R&D）和高等学校毕业生数（Graduated）。

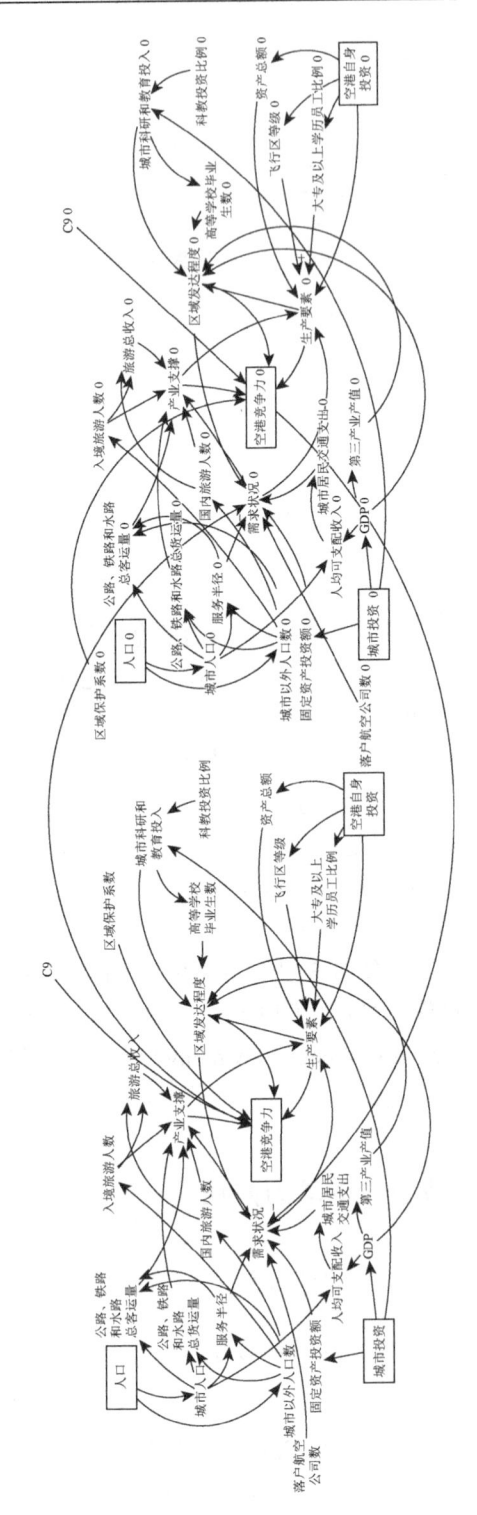

图 4.3 空港竞争力动态流图

其动力方程如下：

$$\text{GDP}(t) = C_1 \times \text{Inv}(t)$$

$$\text{Third}(t) = C_2 \times \text{GDP}(t) = C_2 \times C_1 \times \text{Inv}(t)$$

$$\text{R\&D}(t) = C_3 \times \text{Inv}(t)$$

$$\text{Graduated}(t) = C_4 \times \text{R\&D}(t) = C_4 \times C_3 \times \text{Inv}(t)$$

$$\text{RD}(t) = 0.224 \times \text{GDP}(t) + 0.221 \times \text{Third}(t) + 0.283 \times \text{R\&D}(t) + 0.195 \times \text{Graduated}(t)$$

其中，C_1、C_2、C_3、C_4 为比例系数。

2）需求状况（DC）

需求状况有四个可测变量：城市居民交通支出（Spending）、服务半径（Radius）、城市固定资产投资额（Fixed）和入驻空港的航空公司数量（Num）。

其动力方程如下：

$$\text{Spending}(t) = C_5 \times \text{Disposable Income}(t) = C_5 \times C_6 \times \frac{\text{GDP}(t)}{\text{City Pop}(t)}$$

$$\text{Radius}(t) = \text{City Pop}(t) + C_7 \times \text{Population Outside}(t)$$

$$\text{Fixed}(t) = C_8 \times \text{Inv}(t)$$

$$\text{DC}(t) = [0.430 \times \text{Spending}(t) + 0.400 \times \text{Radius}(t) + 0.417 \times \text{Fixed}(t) + 0.312 \times \text{Num}(t)] \times \frac{C_9 \times \text{Com}_i(t-1)}{\sum_{j=1}^{n} \text{Com}_j(t-1)}$$

其中，Disposable Income 为城镇居民可支配收入；City Pop 为本城市人口数量；Population Outside 为区域内本城市以外人口数量；Inv 为城市投资；C_5、C_6、C_7、C_8 为比例系数；C_9 为区域保护系数（$1 \leq C_9 \leq 2$）；Com（$t-1$）为 $t-1$ 年的空港竞争力（假设同一区域内有 n 个空港）。

3）支撑产业（SI）

支撑产业有 3 个可测变量：公路、铁路和水路总客运量（Passenger），公路、铁路和水路总货运量（Freight），旅游总收入（Tourism）。

其动力方程如下：

$$\text{Passenger}(t) = C_{10} \times \text{City Pop}(t) + C_{11} \times \text{Population Outside}(t)$$

$$\text{Freight}(t) = C_{12} \times \text{Passenger}(t)$$

$$\text{Tourism}(t) = C_{13} \times \text{Population Outside}(t)$$

$$\text{SI}(t) = 0.242 \times \text{Passenger}(t) + 0.366 \times \text{Freight}(t) + 0.610 \times \text{Tourism}(t)$$

其中，C_{10}、C_{11}、C_{12}、C_{13} 为比例系数；Population Outside 为区域内本城市以外人口数量；City Pop 为本城市人口数量。

4）生产要素（PF）

生产要素有 4 个可测变量：飞行区等级（Level）、大专及以上学历员工比例（Proportion College）、资产总额（Asset）和空港自身投资（Own Inv）。

其动力方程如下：

$$\text{Proportion College}(t) = C_{14} \times \text{Own Inv}(t)$$

$$\text{Asset}(t) = C_{15} \times \text{Own Inv}(t)$$

$$\text{Level}(t) = C_{16} \times \text{Own Inv}(t)$$

$$PF(t) = 0.382 \times \text{Level}(t) + 0.213 \times \text{Proportion College}(t) + 0.266 \times \text{Asset}(t) + 0.331 \times \text{Own Inv}(t)$$

其中，C_{14}、C_{15}、C_{16} 为比例系数；Own Inv 为空港自身投资。

5）空港竞争力（Com）

空港竞争力有两个可测变量：主营业务收入（Main Business Income）和资产回报率（return on assets，ROA）。

其动力方程为

$$\text{Com}(t) = 0.593 \times \text{Main Business Income}(t) + 0.595 \times \text{ROA}(t)$$

2. 潜变量层的动力方程

$$DC(t) = 0.852 \times RD(t)$$

$$SI(t) = 0.844 \times DC(t)$$

$$PF(t) = 0.393 \times DC(t) + 0.406 \times SI(t)$$

$$\text{Com}(t) = \text{Com}(t-1) + 0.482 \times RD(t) + 0.313 \times PF(t) + 0.144 \times SI(t)$$

其中，Com 为空港竞争力；RD 为区域发展；DC 为需求状况；SI 为支撑产业；PF 为生产要素。

4.4 主要影响因素仿真

4.4.1 空港竞争力的变化趋势仿真

本书以东北亚的枢纽机场竞争为例。在东北亚，有三个空港竞争"东北亚枢纽机场"：北京首都国际机场、韩国仁川国际机场和东京羽田国际机场。根据演化理论[76]，将北京 2010 年的数据作为标准，北京人口数的初始值设定为 1，城市投资的初始值设定为 1，空港自身投资的初始值设定为 0.1。根据世界银行数据库（World Development Indicators，WDI）的数据，韩国仁川国际机场人口数、城市投资和空港自身投资的初始值则分别为 0.50、0.85 和 0.076，东京羽田国际机场人口数、城市投资和空港自身投资的初始值分别为 1.87、0.92 和 0.082。为了简化起见，三个城市空港竞争力的初始值设定为 0，三个城市的人口增长率、城市投资的增长率和空港自身投资的增长率都设定为 1%，城市人口占总人口的比例为 10%。另外，城市投资对 GDP 的拉动系数为 10，第三产业产值占 GDP 的比例为 0.5，其他系数的值都设定为 0.01，系统动力学的运行周期为 10 年。北京首都国际机场的竞争力变化图见图 4.4。

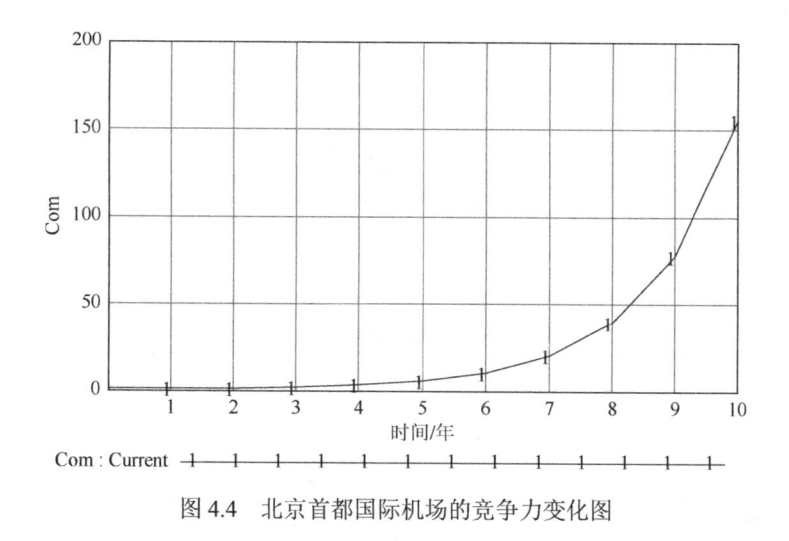

图 4.4 北京首都国际机场的竞争力变化图

如图 4.4 所示，最初北京首都国际机场的竞争力为 0，但是随着时间的变化，北京首都国际机场的竞争力有了很大的提高，在这 10 年，北京首都国际机场的竞争力增长幅度不一致。在初始阶段，竞争力增长比较缓慢，后来增长幅度有了明显提高，尤其是随着空港自身投资的增加和区域的快速发展，北京首都国际机场竞争力大增。

4.4.2 重要影响因素的影响仿真

由以上的动力方程和北京首都国际机场的例子可以看出，空港自身投资、城市 R&D 投入和区域保护系数是中国空港竞争力的最重要的影响因素。通过改变它们的值来观察空港竞争力的变化，就可以知道它们对空港竞争力的影响程度。

空港自身投资对中国空港竞争力的培养和提升有非常重要的影响。空港的很多方面都与空港自身投资相关联,如飞行区等级的升级、人才引进和主营业务收入的增加。在一定程度上可以讲,空港自身投资越大,空港竞争力也就越大。空港自身投资对空港竞争力的影响程度仿真见表 4.6。

表 4.6 空港自身投资对空港竞争力的影响程度仿真

空港自身投资每年的增长率/%	空港竞争力									
	1	2	3	4	5	6	7	8	9	10
10	0.210	0.441	0.926	1.945	4.084	8.577	18.011	37.823	79.428	166.799
30	0.230	0.529	1.217	2.798	6.436	14.804	34.048	78.311	180.115	414.265
50	0.250	0.625	1.563	3.906	9.766	24.414	61.035	152.588	381.470	953.674

城市 R&D 投入对空港竞争力的提升有很重要的影响。城市 R&D 投入对空港竞争力的影响有延迟的特点,也就是说,第 t 年的城市 R&D 投入不会立刻影响第 t 年或者第 $t+1$ 年的空港竞争力,经过一段时间之后,城市 R&D 投入对空港竞争力的影响有一个从量变到质变的过程。城市 R&D 投入对空港竞争力的影响程度仿真见表 4.7。

表 4.7 城市 R&D 投入对空港竞争力的影响程度仿真

城市 R&D 投入占城市投资的比例/%	空港竞争力									
	1	2	3	4	5	6	7	8	9	10
5	0.275	0.626	1.331	2.743	5.578	11.272	22.711	45.697	91.895	184.745
10	0.311	0.733	1.580	3.280	6.693	13.546	27.317	54.990	110.607	222.392
20	0.382	0.947	2.080	4.355	8.923	18.099	36.539	73.596	148.077	297.777

竞争空港的竞争力的加强会影响本空港的市场份额,由于地方保护主义的存在,这种影响会有所减弱,但是地方保护是一种短期行为。长期来看,地方保护会影响空港提升其竞争力的内在动力,从而从根本上影响空港的竞争力。区域保护系数对空港竞争力的影响程度仿真见表 4.8。

表 4.8 区域保护系数对空港竞争力的影响程度仿真

区域保护系数	空港竞争力									
	1	2	3	4	5	6	7	8	9	10
1.2	0.247	0.540	1.128	2.305	4.666	9.403	18.918	38.035	76.451	153.659
1.5	0.247	0.541	1.129	2.310	4.677	9.429	18.974	38.153	76.695	154.158
1.8	0.247	0.541	1.131	2.314	4.687	9.454	19.030	38.271	76.940	154.659

4.5 本章小结

针对中国空港行业实际情况，总结以往文献，本书首先构建了空港竞争力的静态评价指标和形成机理指标体系，为科学地研究空港竞争力形成机理奠定了良好的基础。

运用结构方程模型和系统动力学模型，结合 2006~2010 年中国 25 个空港的实证数据，得出空港竞争力形成机理的系统动力方程，并且进行了模型检验，证实了方法的可行性。通过得出的动力学方程，总结出空港自身投资、城市 R&D 投入和区域保护系数是影响空港竞争力最大的三个因素，并运用 Vensim 软件仿真分析了这三个因素对空港竞争力的影响，且取得了很好的效果。

本书利用结构方程模型和系统动力学模型研究了空港竞争力的动态形成机理。本书采用的模型在以下方面填补了现有研究的空白。现有研究更多关注空港竞争力的静态评价和空港竞争力的影响因素识别，而不是空港竞争力的动态形成机理。通过结构方程模型构建了动力方程，利用系统动力学模型构建了影响因素之间的影响路径和识别了重要的影响因素。结构方程模型和系统动力学模型的结合可以分析影响因素之间的相互作用，也可以提取出重要影响因素，这些重要影响因素可以为提升空港竞争力提供理论和实际上的参考。本书利用的模型丰富了动态形成机理研究的理论与方法，为有效提取重要影响因素提供了一个新的视角。

本书可以为中国空港提升竞争力提供参考。根据 4.2 节的结构方程和 4.3 节的重要影响因素分析，对空港竞争力来说，最重要的影响因素为空港自身投资和城市 R&D 投入。所以要提升中国空港的竞争力，可以从空港自身投资和城市 R&D 投入两方面入手。

空港竞争力的提高离不开自身投资的增加。

(1) 增加投资可以提升空港的飞行区等级，完善空港的软硬件条件，提升空港的经营能力，能够为争取到更多的客源提供保障。

(2) 增加投资可以促进就业、缴纳利税，也可以运用价格、效率、服务等优势吸引客源，增强与高铁等其他高效交通工具的竞争力，刺激服务半径内人均乘机次数和人均航空运输支出，为空港赢得稳定客源，提高单位架次的载客量。

(3) 增加投资可以吸引更多的航空公司入驻，尤其是国际航班。大多数国际航班都会倾向于选择一个中转站，为去距离较远国家的航班提供便利。因为国际航班是有限的，所以空港可以利用地理位置优势和资本优势去吸引更多的国际航班，这可以为空港提升竞争力带来先动优势。

(4) 增加投资可以保障更加开放的航空政策。开放的航空政策可以推动更加公平的竞争环境，也可以吸引更多的国外航空公司提升空港的资本运作能力。

（5）增加投资可以促使空港探索可替代能源，优化用电设施配置以节约用电量，采用隔离墙以解决航空器噪声问题，避免对乘客和周边居民造成噪声污染。

当然，空港要避免盲目扩建，应加强管理，从加强资产、航班、人力等方面提高资源利用效率，保证可持续发展。

城市 R&D 投入方面的具体措施如下：

（1）应加强空港与高校之间的合作，尤其是与航空类高校的合作。应该建立特定合作基金以鼓励高校在航空技术方面的研究与开发，可以加深高校与空港之间的合作。空港的发展需要大量的人才、技术和设备，与航空类高校良好的合作关系可以帮助空港获取所需的人才、技术和设备。

（2）城市智能交通技术应该加强。重点是建立交通信息平台，它可以为旅客提供实时的换乘交通工具方面的指导。连接铁路、公路、水路和航空的信息网络可以实现信息共享，也可以改善城市交通的运行效率，从而改善空港的服务效率，加强空港的竞争力。

（3）要加强航空技术的引进。中国与发达国家在航空技术、安全技术、航班管控技术方面仍有一定的差距，虽然近几年航空事故频次较低，但是航空管制问题导致大量旅客滞留机场的事件常有发生，越来越影响人们的正常出行。发达国家在航空管制方面积累了很好的经验，加快航空技术、安全技术和航班管控技术的引进，能够在短期内弥补这种差距，加快技术更新，从而提升中国空港的竞争力。

第 5 章　中国空港动态竞争力评价

5.1　指　标　体　系

空港动态竞争力评价指标体系是由一系列具有内在联系的指标组成，可以从多个角度反映空港行业的实际情况。因此，指标体系的建立有助于研究的定量化、条理化和可操作化。

总结国内外学者的研究成果[5,78]，空港竞争力的评价指标主要来自区域发展、自身实力、市场状况三个方面。空港动态竞争力评价指标体系如表 5.1 所示。

表 5.1　空港动态竞争力评价指标体系

指标分类	一级指标	二级指标
空港动态竞争力评价指标	区域发展	营业收入占城市第三产业产值比例 V_1 缴纳利税 V_2（亿元）
	自身实力	飞行区等级 V_3 [1)] 大专及以上学历员工比例 V_4 资产总额 V_5（亿元） 年投资额 V_6（亿元） 非航空公司专属的服务台数 V_7（个）
	市场状况	城市居民交通支出 V_8（元） 平均每天成功起降的飞机架次 V_9（架次） 服务半径 V_{10}（万人）[2)] 货邮吞吐量 V_{11}（万吨） 旅客吞吐量 V_{12}（万人次）

1）飞行区等级是表示飞行区设施的规模与水平的一种方法，划定飞行区等级的依据是飞行区设施所能适应吨位最大的航空器。目前我国各大空港的等级为 4F、4E.60、4E.45、4D、4C 等几个级别，对应的可量化等级为 5、4.5、4、3、2 等[78]。

2）服务半径（距离机场 100 千米内）内人数是依据中国民用航空局对机场服务半径的定义："地面交通 100 千米或 1.5 小时车程为机场服务半径指标"，为了方便量化，本书选取"距离机场 100 千米内的人数"作为机场的服务半径。

通过总结国内外知名学者与研究机构的研究成果，如瑞士洛桑国际管理学院[80]、中国社会科学院[81]等，可以得出静态竞争力的测量指标主要有市场份额和资源利用率。所以本书利用主营业务收入和资产回报率作为算法的目标输出。

5.2 模型构建

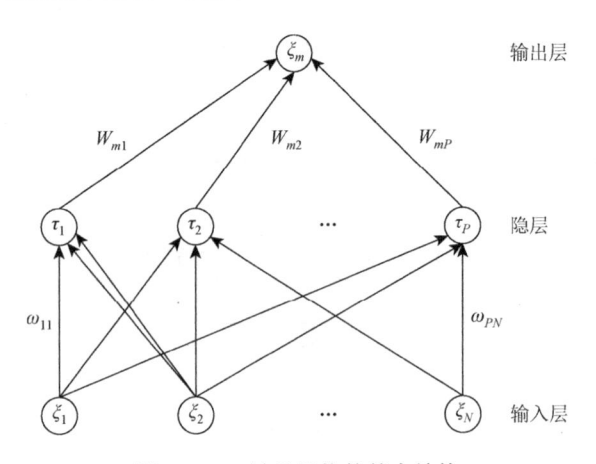

5.2.1 BP 神经网络的应用

BP 神经网络的基本结构[74]见图 5.1。

图 5.1 BP 神经网络的基本结构

选定一个非线性光滑活化函数 $g: R^1 \to R^1$ 和权矩阵 $W^0 = \{W_{mp}^0\}_{M \times P}$ 及权矩阵 $\omega^0 = \{\omega_{pn}^0\}_{1 \leq p \leq P, 1 \leq n \leq N}$ 之后，对任一输入信息向量 $\xi = (\xi_1, \cdots, \xi_N) \in R^N$，网络的实际输出为

$$\varsigma_m^0 = g(W_m^0 \cdot \tau^0) = g\left(\sum_{p=1}^P W_{mp}^0 \cdot \tau_p^0\right), \quad m = 1, 2, \cdots, M$$

其中，隐层输出为

$$\tau_P^0 = g(\omega_p^0 \cdot \xi) = g\left(\sum_{n=1}^N \omega_{pn}^0 \cdot \xi_n\right), \quad p = 1, 2, \cdots, P$$

现在，假设给定一组样本输入向量 $\{\xi_j\}_{j=1}^J \subset R^N$ 及相应的理想输出 $\{o_m\}_{m=1}^M \subset R^M$，并记 $\{\varsigma_m\}_{m=1}^M \subset R^M$ 为相应的网络实际输出。定义误差函数

$$E(W, \omega) = \frac{1}{2} \sum_{m=1}^M \|o_m - \varsigma_m\|^2$$

其中，$\|\cdot\|$ 为欧式范数。

BP 神经网络在管理学上的主要应用领域集中在评价、预测、预警和影响因素分析四个方面。

1. 评价

杨黎萌和刘开第[84]利用 BP 神经网络进行了房地产的估价，取输入指标个数为 9，输出指标个数为 1，隐层神经元个数为 7，利用神经网络的输出结果与实际误差进行了比对，精度达到 90%以上。傅毓维等[85]利用 BP 神经网络对企业经营绩效进行了评价，取输入层个数为 10，输出层个数为 1，隐层神经元个数为 16，取 18 个样本作为训练样本，取 4 个样本作为测试样本，误差为 2.116×10^{-7}。郭阳[86]利用粒子群算法优化 BP 神经网络，对商业银行信用风险进行了评估，取输入层个数为 14，输出层个数为 1，隐层神经元个数为 6，取 20 个样本作为训练样本，取 6 个样本作为测试样本，误差为 10^{-5}。史成东等[87]利用粗糙集和 BP 神经网络对供应链绩效进行了评价，取输入层个数为 13，输出层个数为 1，隐层神经元个数为 16，取 15 个样本作为训练样本，取 3 个样本作为测试样本，误差率为 10.6%。汪克亮等[88]利用 BP 神经网络评价了企业网络营销绩效，取输入层个数为 12，输出层个数为 1，隐层神经元个数为 5，取 20 个样本作为训练样本，取 5 个样本作为测试样本，误差率为 3.2%。邓宝和宋瑞[89]利用 BP 神经网络构建了安全评价模型，取输入层个数为 5，输出层个数为 5，隐层神经元个数为 15，训练 3000 次，取得了很好的效果。赵冰[90]利用 BP 神经网络评价了港口的竞争力，取输入层个数为 13，输出层个数为 1，隐层神经元个数为 10，训练 336 次，取得了很好的效果。李明月和赖笑娟[91]利用 BP 神经网络对城市土地生态安全进行了评价，取输入层个数为 18，输出层个数为 1，隐层神经元个数为 18，取 7 个样本作为训练样本，取 3 个样本作为测试样本，误差为 6.14×10^{-5}。

2. 预测

戴丹[92]利用 BP 神经网络进行了市场预测，取输入层个数为 10，输出层个数为 10，隐层神经元个数为 25，取 14 个样本为训练样本，取 21 个样本为测试样本，训练次数为 5000 次，取得了很好的效果。李旭军[93]利用 BP 神经网络对经济进行了预测，取输入层个数为 5，输出层个数为 1，隐层神经元个数为 11，取 18 个样本为训练样本，取 3 个样本为测试样本，误差率为 1.68%。李霞[94]利用 BP 神经网络预测了企业的销售情况，取输入层个数为 6，输出层个数为 1，取 8 个样本为训练样本，取 3 个样本为测试样本，误差率小于 2%。雷可为和陈瑛[95]运用 BP 神经网络预测了中国入境游客量，取输入层个数为 5，输出层个数为 1，隐层神经元个数为 8，取 22 个样本为训练样本，取 3 个样本为测试样本，误差率为 0.93%。褚诚山等[96]运用 BP 神经网络预测了用水量，取输入层个数为 9，输出层个数为 1，隐层神经元个数为 19，取 12 个样本为训练样本，取 12 个样本为测试样本，误差率为 1.58%。

3. 预警

杨淑娥和黄礼[97]运用 BP 神经网络建立了财务危机预警模型，取输入层个数为 10，输出层个数为 1，隐层神经元个数为 8，取 120 个样本为训练样本，取 60 个样本为测试样本，误差率为 9.2%。金成晓和俞婷婷[98]利用 BP 神经网络构建了我国制造业产业安全预警模型，取输入层个数为 14，输出层个数为 1，隐层神经元个数为 5，取 11 个样本为训练样本，取 2 个样本为测试样本，8 个样本为预测样本，误差率为 0.1%。范秋芳[99]运用 BP 神经网络构建了中国石油安全预警系统，取输入层个数为 10，输出层个数为 1，隐层神经元个数为 5，取 11 个样本为训练样本，取 2 个样本为测试样本，目标误差为 0.001。张兰霞等[100]运用 BP 神经网络构建了人力资源管理风险预警模型，取输入层个数为 24，输出层个数为 6，隐层神经元个数为 13，取 14 个样本为训练样本，取 2 个样本为测试样本，目标误差为 0.001。

4. 影响因素分析

朱彩荣和倪宗瓒[101]运用 BP 神经网络分析了科研基金效果的影响因素，取输入层个数为 7，输出层个数为 1，隐层神经元个数为 9，达到期望误差。姜林奎等[102]运用 BP 神经网络构建一个识别企业核心竞争力关键影响因素的模型，取输入层个数为 29，输出层个数为 1，隐层神经元个数为 58，训练次数为 5000 次，目标误差为 0.001。赵向红等[103]运用 BP 神经网络对影响居民生活质量的因素进行了分析，取输入层个数为 16，输出层个数为 1，隐层神经元个数为 6，取 70 个样本为训练样本，取 30 个样本为测试样本，精度达到 87%。李英龙和 Gama[104]运用 BP 神经网络对矿业因素进行了分析，取输入层个数为 4，输出层个数为 1，隐层神经元个数为 17，取 9 个样本为训练样本，取 1 个样本为测试样本，精度达到 92%。

训练 BP 神经网络的常用方法是梯度下降法。传统的梯度下降法存在收敛速度慢、易陷入局部最小等缺点[75]。对梯度下降法的改进主要集中在以下两方面[105]：①运用引入动量项的自适应变速率的梯度下降法，自适应变速率可以加速算法收敛，而引入动量项可以减少震荡，寻求全局最优；②运用一些智能优化算法进行 BP 神经网络权值和阈值的优化，来加快收敛速度和寻求全局最优。这些智能优化算法包括遗传算法、粒子群优化算法等。

5.2.2 遗传算法的应用

1996 年，Narayanan 和 Moore 首先提出量子遗传算法（quantum genetic algorithm，

QGA），并用它成功解决了旅行商问题（traveling salesman problem，TSP）[106]。但是该算法仅类似于一种隔离小生境中的遗传算法，其量子含义并不明显。2000年，Han 和 Kim 等将量子位和量子门的概念引入进化算法，提出了一种量子遗传算法，并用一组组合优化问题验证了算法的有效性[107, 108]。

遗传算法的流程图如图 5.2 所示。

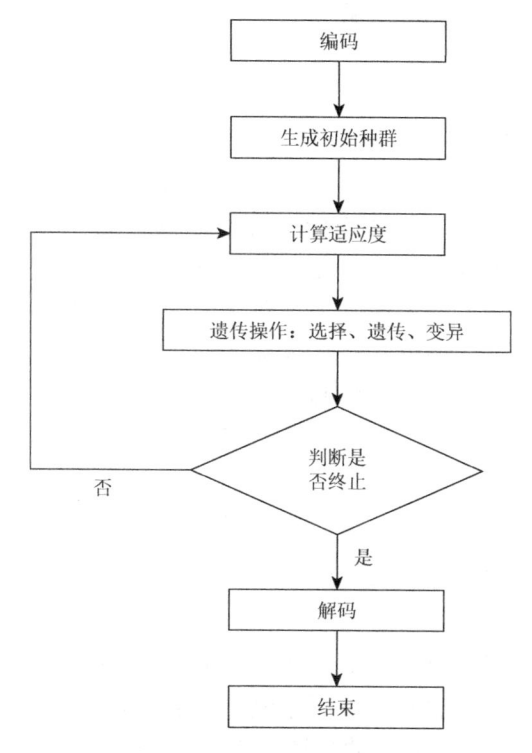

图 5.2 遗传算法的流程图

遗传算法在管理学上的主要应用领域集中在优化模型的解空间优化及对神经网络的优化两个方面。

1. 优化模型的解空间优化

潘振东等[109]建立了一个基于货物权重的车辆路径问题，运用基于划分的遗传算法进行了求解。陈南祥等[110]运用一种基于目标排序计算适应度的多目标遗传算法，将水资源优化配置问题模拟为生物进化问题，计算每一代个体的优化程度，通过交叉、变异等操作产生下一代，通过多次迭代完成对水资源的优化配置。丁书斌[111]设计了一种可以实现车间作业调度的混合遗传算法，研究了经典作业车间调度问题。冯红娟[112]对基于遗传算法的车间作业调度问题进行了系统设计，讨论了应用遗传算法进行车间作业调度的算法思想和关键问题，并对基于禁忌搜索和遗传算法的混合算法进行了研究，给出了模拟实验。王少波等[113]提出了一种基于自适应遗传算法的水库优化调度问题的求解方法，并通过实例对自适应遗传算法和标准遗传算法的性能做了比较。结果表明，在进化相同代数条件下，自适应遗传算法能够在保持群体多样性的同时，加快收敛速度，其稳定性也优于标准遗传算法。郎茂祥和胡思继[114]建立了解决物流配送路径优化问题的数学模型，提出了爬山算法和遗传算法的结合算法。

2. 对神经网络的优化

王成宝等[115]将遗传算法与标准 BP 神经网络算法相结合构建了基于遗传算法的神经网络算法，并用于短时交通流预测，具有更快的计算速度及更好的适应能力。叶枫和孙科达[116]采用遗传算法优化 BP 神经网络来建立一个道路交通事故宏观预测的模型，该模型具有更好的运算性能、更快的收敛速度和更高的精度。迟宝明等[117]用遗传算法优化 BP 神经网络的初始权阈值，搜索最优解或者近似最优解，用于地下水动态预测，取得了很好的效果。吴建生等[118]用遗传算法优化神经网络的连接权和网络结构，并在遗传进化过程中采取保留最佳个体的方法，建立基于遗传算法的 BP 神经网络模型。

5.2.3 空港动态竞争力评价算法

量子计算和量子计算机的概念是由著名物理学家 Feynman 在 1982 年研究物理系统的计算机模拟时提出的[119]。量子遗传算法[5]是一种基于量子计算原理的概率优化算法，具有种群规模小、收敛速度快、全局搜索能力强、种群多样性较好等优点，主要应用于组合优化问题，双链量子遗传算法也成为国内外学者研究的热点[120]。在双链量子遗传算法中，量子位的概率幅 $[\cos\theta_{ij},\sin\theta_{ij}]^T$ 在单位圆中相位 θ_{ij} 的初始值在 $(0,2\pi)$ 中随机产生，$i=1,2,\cdots,n$，$j=1,2,\cdots,m$。其中，n 是种群规模，m 是单个量子染色体上的量子位数。通过量子旋转门来更新量子比特的相位，然后采用量子非门实现染色体变异，这样的量子染色体的搜索空间范围大，不利于算法的快速收敛。

为此，结合文献[85, 121, 122]，利用矢量距计算量子染色体的选择概率和期望繁殖率，本书基于改进的双链量子遗传算法优化 BP 神经网络（IDCQGA-BP 算法）提出了考虑竞争合作的空港动态竞争力评价算法。它的基本思想是：将 IDCQGA-BP 算法作为基本评价算法，基于现有数据计算各空港的现有竞争力，然后从竞争和合作两个角度分析空港现有竞争力对未来空港竞争力各评价指标的影响，估算出各评价指标的未来值，再次利用训练好的 IDCQGA-BP 算法计算各空港未来竞争力。算法步骤如下。

（1）量子种群初始化。在 $(0, \pi/2)$ 中随机选择 m 个量子位数的 n 个量子染色体，形成初始量子种群 $X = \{x_1, x_2, \cdots, x_n\}$。将每个量子位的概率幅看作上下两个并列的基因，每条染色体包含两条并列的基因链，每条基因链代表一个优化解。

$$x_i = \begin{vmatrix} \cos\theta_{i1} \\ \sin\theta_{i1} \end{vmatrix} \begin{vmatrix} \cos\theta_{i2} \\ \sin\theta_{i2} \end{vmatrix} \cdots \begin{vmatrix} \cos\theta_{im} \\ \sin\theta_{im} \end{vmatrix}$$

其中，$\theta_{ij} = \pi/2 \times \text{rand}$，rand 为（0,1）之间的随机数。

（2）解空间变换。在初始群体中，每条量子染色体包含 $2m$ 个量子比特的概率幅，利用线性变换，将 $2m$ 个概率幅由 m 维空间 $(0, \pi/2)^m$ 映射到 BP 神经网络权值取值区间。根据现有参考文献[123]，权值初始值适宜设定为 $[a,b]$ 的随机值。记量子染色体 x_i 上第 j 个量子位为 $[\alpha_j^i, \beta_j^i]^T$，相应的解空间变量为

$$X_{jc}^i = a + (b-a) \times \alpha_j^i$$
$$X_{js}^i = a + (b-a) \times \beta_j^i$$

其中，X_{jc}^i 为量子染色体 x_i 上第 j 个量子位的余弦解；X_{js}^i 为量子染色体 x_i 上第 j 个量子位的正弦解；α_j^i 为 X_{jc}^i 对应量子态 $|0\rangle$ 的概率幅；β_j^i 为 X_{js}^i 对应量子态 $|1\rangle$ 的概率幅。

（3）计算种群 X 中各染色体的矢量距、基于矢量距浓度的选择概率、期望繁殖率。

染色体 x_i 的矢量距计算公式为

$$\text{dis}(x_i) = \sum_{k=1}^{n} |F(x_i) - F(x_k)|$$

量子染色体的浓度为

$$C(x_i) = 1/\text{dis}(x_i) = \frac{1}{\sum_{k=1}^{n} |F(x_i) - F(x_k)|}$$

量子染色体浓度的选择概率

$$P(x_i) = \frac{\text{dis}(x_i)}{\sum_{i=1}^{n} \text{dis}(x_i)} = \frac{\sum_{k=1}^{n} |F(x_i) - F(x_k)|}{\sum_{i=1}^{n} \sum_{k=1}^{n} |F(x_i) - F(x_k)|}$$

量子染色体的期望繁殖率为

$$e(x_i) = F(x_i)/C(x_i) = F(x_i) \sum_{k=1}^{n} |F(x_i) - F(x_k)|$$

（4）将初始种群 X 分别按期望繁殖率 e 和选择概率 P 进行排序，使前 10 个期望繁殖率高的量子染色体进入新种群 X_{new}，使选择概率大于某一特定值 P_r [P_r = $0.6 \times \max(P)$]的 h 个量子染色体进入新种群 X_{new}；在 $(0, \pi/2)$ 中随机生成 $n-10-h$ 个量子染色体进入新种群 X_{new}。

（5）更新量子相位。量子相位的更新公式为

$$\begin{bmatrix} \cos(\Delta\theta) & -\sin(\Delta\theta) \\ \sin(\Delta\theta) & \cos(\Delta\theta) \end{bmatrix} \begin{bmatrix} \cos(\theta) \\ \sin(\theta) \end{bmatrix} = \begin{bmatrix} \cos(\theta+\Delta\theta) \\ \sin(\theta+\Delta\theta) \end{bmatrix}$$

其中，$\Delta\theta_i = -\mathrm{sgn}(\sin(\theta_i-\theta_0)) \times \Delta\theta_0 \times \exp\left(-\dfrac{\nabla F(x_i)-\nabla F_{\min}}{\nabla F_{\max}-\nabla F_{\min}}\right)$，$\nabla$ 为梯度函数，θ_0 为迭代初值。

（6）变异处理。采用量子非门进行变异处理，依据变异概率从种群中随机选择一条染色体，在选中的染色体上随机选择若干个量子位，对选中的量子位实施量子非门变换，使得该量子位的两个概率幅互换，这样可使得两条基因链同时得到变异。

（7）计算各染色体的适用度，基于 BP 神经网络的误差函数构建适用度函数。

$$F(x_i) = \exp\left(-\dfrac{1}{2}\|\mathrm{tar}(x_i)-g(W\times g(\omega\times x_i))\|^2\right)$$

其中，tar 为 BP 神经网络的输出；W 为隐层与输出层的权值矩阵；ω 为输入层与隐层之间的权值矩阵；g 为活化函数。

（8）算法修正。将 X_{new} 中所有量子染色体的量子位幅角 θ 进行排序，记录下最大值 $\theta_{\max}$ 和 $\theta_{\min}$，当 $|\theta_{\max}-\theta_{\min}|<\varepsilon$ 时，将 θ 的取值区间重新设定为 $(0, \pi/2)$。

（9）返回第（2）步循环计算，直到满足收敛条件或达到最大步数为止。

（10）基于 t 时刻和 $t-1$ 时刻的数据，将训练好的权值代入 BP 神经网络，进行网络计算，计算出空港 t 时刻和 $t-1$ 时刻的竞争力 Com(t) 和 Com($t-1$)。

（11）归一化 t 时刻和 $t-1$ 时刻的主营业务收入和资产回报率，取两者平均值作为所有算法的目标向量，以此来计算算法的精确度。

（12）估算空港在 $t+1$ 年的各指标的实证数据。主要从竞争和合作两个角度进行分析：从竞争的角度，主要分析空港的现有竞争力对本空港和其他空港未来市场状况的影响；从合作的角度，主要分析各空港在国际航线上的合作对本空港和其他空港未来市场状况的影响。

第一，先考虑竞争的情况。根据现有空港竞争力的研究文献[5]，如果空港 A 与空港 B 存在直接竞争关系（即两空港的服务半径有重叠），则 t 时刻空港 A 的竞争力会影响 $t+1$ 时刻空港 B 的市场状况，同理，t 时刻空港 B 的竞争力会影响 $t+1$ 时刻空港 A 的市场状况。

第5章 中国空港动态竞争力评价

假设同一区域内 N 个空港的服务半径有重叠，t 时刻 N 个空港的竞争力分别为 $\mathrm{Com}_1(t), \mathrm{Com}_2(t), \cdots, \mathrm{Com}_N(t)$，而 $t-1$ 时刻这 N 个空港的竞争力分别为 $\mathrm{Com}_1(t-1), \mathrm{Com}_2(t-1), \cdots, \mathrm{Com}_N(t-1)$，则 $t+1$ 时刻空港 i 旅客吞吐量 V_{12} 的变化量1为

$$\left(\frac{\mathrm{Com}_i(t)}{\sum_{i=1}^{N}\mathrm{Com}_i(t)} - \frac{\mathrm{Com}_i(t-1)}{\sum_{i=1}^{N}\mathrm{Com}_i(t-1)}\right) \times V_{12}(it)$$

同理，空港 i 的货邮吞吐量 V_{11}、平均每天成功起降的飞机架次 V_9、营业收入占城市第三产业产值比例 V_1、缴纳利税 V_2 和资产总额 V_5 的变化量1分别为

$$\left(\frac{\mathrm{Com}_i(t)}{\sum_{i=1}^{N}\mathrm{Com}_i(t)} - \frac{\mathrm{Com}_i(t-1)}{\sum_{i=1}^{N}\mathrm{Com}_i(t-1)}\right) \times V_{11}(it)$$

$$\left(\frac{\mathrm{Com}_i(t)}{\sum_{i=1}^{N}\mathrm{Com}_i(t)} - \frac{\mathrm{Com}_i(t-1)}{\sum_{i=1}^{N}\mathrm{Com}_i(t-1)}\right) \times V_9(it)$$

$$\left(\frac{\mathrm{Com}_i(t)}{\sum_{i=1}^{N}\mathrm{Com}_i(t)} - \frac{\mathrm{Com}_i(t-1)}{\sum_{i=1}^{N}\mathrm{Com}_i(t-1)}\right) \times V_1(it)$$

$$\left(\frac{\mathrm{Com}_i(t)}{\sum_{i=1}^{N}\mathrm{Com}_i(t)} - \frac{\mathrm{Com}_i(t-1)}{\sum_{i=1}^{N}\mathrm{Com}_i(t-1)}\right) \times V_2(it)$$

$$\left(\frac{\mathrm{Com}_i(t)}{\sum_{i=1}^{N}\mathrm{Com}_i(t)} - \frac{\mathrm{Com}_i(t-1)}{\sum_{i=1}^{N}\mathrm{Com}_i(t-1)}\right) \times V_5(it)$$

第二，从合作的角度考虑，众多空港中，既有国际枢纽机场，也有区域枢纽机场，而空港之间的合作主要体现在国际枢纽机场与区域枢纽机场在国际航线上的合作。记 t 时刻同一区域内 N 个空港国际航线的数量分别为 $\mathrm{Int}_1(t), \mathrm{Int}_2(t), \cdots, \mathrm{Int}_N(t)$，则 $t+1$ 时刻空港 i 旅客吞吐量 V_{12} 变化量2为

$$\frac{\mathrm{Int}_i}{\sum_{i=1}^{N}\mathrm{Int}_i} \times \sum_{i=1}^{N} V_{12}(it) \times p_t \times \theta_t$$

其中，p_t 为 t 时刻 N 个空港国际航线旅客吞吐量占总旅客吞吐量的比例；θ_t 为本区域人口自然增长率。

同理，空港 i 的货邮吞吐量 V_{11}、平均每天成功起降的飞机架次 V_9、营业收入占城市第三产业产值比例 V_1、缴纳利税 V_2 和资产总额 V_5 的变化量2分别为

$$\frac{\text{Int}_i}{\sum_{i=1}^{N}\text{Int}_i}\times\sum_{i=1}^{N}V_{11}(it)\times p_t\times\theta_t$$

$$\frac{\text{Int}_i}{\sum_{i=1}^{N}\text{Int}_i}\times\sum_{i=1}^{N}V_9(it)\times p_t\times\theta_t$$

$$\frac{\text{Int}_i}{\sum_{i=1}^{N}\text{Int}_i}\times\sum_{i=1}^{N}V_1(it)\times p_t\times\theta_t$$

$$\frac{\text{Int}_i}{\sum_{i=1}^{N}\text{Int}_i}\times\sum_{i=1}^{N}V_2(it)\times p_t\times\theta_t$$

$$\frac{\text{Int}_i}{\sum_{i=1}^{N}\text{Int}_i}\times\sum_{i=1}^{N}V_5(it)\times p_t\times\theta_t$$

则 $t+1$ 时刻，空港 i 旅客吞吐量为

$$V_{12}(i(t+1))=V_{12}(it)+\left(\frac{\text{Com}_i(t)}{\sum_{i=1}^{N}\text{Com}_i(t)}-\frac{\text{Com}_i(t-1)}{\sum_{i=1}^{N}\text{Com}_i(t-1)}\right)\times V_{12}(it)+\frac{\text{Int}_i}{\sum_{i=1}^{N}\text{Int}_i}\times\sum_{i=1}^{N}V_{12}(it)\times p_t\times\theta_t$$

$t+1$ 时刻，空港 i 的货邮吞吐量 V_{11}、平均每天成功起降的飞机架次 V_9、营业收入占城市第三产业产值比例 V_1、缴纳利税 V_2 和资产总额 V_5 分别为

$$V_{11}(i(t+1))=V_{11}(it)+\left(\frac{\text{Com}_i(t)}{\sum_{i=1}^{N}\text{Com}_i(t)}-\frac{\text{Com}_i(t-1)}{\sum_{i=1}^{N}\text{Com}_i(t-1)}\right)\times V_{11}(it)+\frac{\text{Int}_i}{\sum_{i=1}^{N}\text{Int}_i}\times\sum_{i=1}^{N}V_{11}(it)\times p_t\times\theta_t$$

$$V_9(i(t+1))=V_9(it)+\left(\frac{\text{Com}_i(t)}{\sum_{i=1}^{N}\text{Com}_i(t)}-\frac{\text{Com}_i(t-1)}{\sum_{i=1}^{N}\text{Com}_i(t-1)}\right)\times V_9(it)+\frac{\text{Int}_i}{\sum_{i=1}^{N}\text{Int}_i}\times\sum_{i=1}^{N}V_9(it)\times p_t\times\theta_t$$

$$V_1(i(t+1))=V_1(it)+\left(\frac{\text{Com}_i(t)}{\sum_{i=1}^{N}\text{Com}_i(t)}-\frac{\text{Com}_i(t-1)}{\sum_{i=1}^{N}\text{Com}_i(t-1)}\right)\times V_1(it)+\frac{\text{Int}_i}{\sum_{i=1}^{N}\text{Int}_i}\times\sum_{i=1}^{N}V_1(it)\times p_t\times\theta_t$$

$$V_2(i(t+1))=V_2(it)+\left(\frac{\text{Com}_i(t)}{\sum_{i=1}^{N}\text{Com}_i(t)}-\frac{\text{Com}_i(t-1)}{\sum_{i=1}^{N}\text{Com}_i(t-1)}\right)\times V_2(it)+\frac{\text{Int}_i}{\sum_{i=1}^{N}\text{Int}_i}\times\sum_{i=1}^{N}V_2(it)\times p_t\times\theta_t$$

$$V_5(i(t+1)) = V_5(it) + \left(\frac{\text{Com}_i(t)}{\sum_{i=1}^{N} \text{Com}_i(t)} - \frac{\text{Com}_i(t-1)}{\sum_{i=1}^{N} \text{Com}_i(t-1)} \right) \times V_5(it) + \frac{\text{Int}_i}{\sum_{i=1}^{N} \text{Int}_i} \times \sum_{i=1}^{N} V_5(it) \times p_t \times \theta_i$$

根据 2008~2012 年的实证数据预测飞行区等级、大专及以上学历员工比例、年投资额、非航空公司专属的服务台数、城市居民交通支出、服务半径和第三产业产值的年增长率。

（13）计算空港在 $t+1$ 时刻面临竞争和合作时的动态竞争力。

5.2.4 算法优点

本章算法的优点如下：

（1）本章算法考虑了空港在面临竞争与合作时的动态竞争力，填补了现有研究只考虑静态竞争力的空白，为合理评价动态竞争力奠定了良好的基础。

（2）参考现有文献[80,81]，本算法以归一化后的主营业务收入和资产回报率的平均值作为目标值，并以此来检验算法评价结果的优劣，填补了现有研究未考虑评价方法的精确度的空白。

（3）本章算法是改进的双链量子遗传算法首次被用来优化 BP 神经网络，并基于 BP 神经网络的非线性特点来评价空港的动态竞争力，改进了现有研究存在的不足。改进的双链量子遗传算法优化 BP 神经网络的算法存在以下两个优点：①相位 θ_{ij} 的初始值在 $(0,\pi/2)$ 中随机产生，且在第（8）步进行了 θ 的取值修正，这大大缩减了算法的搜索范围，能够更快地保证算法的收敛。②根据矢量距计算出的量子染色体的选择概率和期望繁殖率，能够优化搜索空间中量子染色体的多样性，在进化过程中逐步压缩幅角 θ 的搜索空间。且根据现有文献[123]，本书将 BP 神经网络的初始权值取值范围定义为$[a,b]$（数值计算中取为[0,0.38]），这样加快了算法的收敛。

5.3 计算结果

本书选取上海浦东国际机场、上海虹桥国际机场、宁波栎社国际机场、合肥骆岗国际机场（现为合肥骆岗通用机场）、杭州萧山国际机场、南京禄口国际机场、温州永强机场和无锡苏南硕放国际机场等长江三角洲地区的 8 大空港 2011 年和 2012 年的数据作为基本数据。其中，服务半径数据根据定义计算得到，上海浦东国际机场作为上市空港，其大专及以上学历员工比例、资产总额、年投资额、资产回报率、货邮吞吐量、旅客吞吐量、平均每天成功起降的飞机架次和主营业务收入来自上市公司年报，其他空港的大专及以上学历员工比例、资产总额、年投资额、资产回报率、货邮吞吐量、旅客吞吐量、平均每天成功起降的飞机架次和主营业收入来自研究报告和网络数据，非航空公司专属的服务台数由网络获取，其他指标数据来自各城市统计年鉴。

取活化函数为 $\dfrac{1}{1+\exp(-2x)}$，参照文献[88]，IDCQGA-BP 算法的参数如表 5.2 所示。

表 5.2 IDCQGA-BP 算法的参数

输入节点	隐层个数	输出节点	权值数量	种群规模	变异概率	初始相位	目标误差	最大迭代步数	[a,b]	ε
12	20	1	260	1000	0.1	0.01π	0.01	5000	[0, 0.38]	0.0001

5.3.1 算法优劣性分析

为了验证本书提出算法的优劣性，分别用 BP 神经网络[74]、量子遗传算法优化 BP 神经网络（QGA-BP）[19,124]、双链量子遗传算法优化 BP 神经网络（DCQGA-BP）[85,125]、改进的双链量子遗传算法优化 BP 神经网络（IDCQGA-BP）进行空港静态竞争力的评价。

归一化主营业务收入和资产回报率后，取两者平均值作为所有算法的目标向量。在训练值已经达到目标误差的情况下，基于 2011 年和 2012 年空港的数据，四种算法均运行 10 次，优化结果求平均值，如表 5.3 和表 5.4 所示。

表 5.3 2011 年运行结果

空港	上海浦东	上海虹桥	宁波	合肥	杭州	南京	温州	无锡
目标值	0.5513	0.3404	0.0667	0.0585	0.2329	0.1739	0.0745	0.0391
BP	0.6207	0.4898	0.1237	0.0954	0.3615	0.2044	0.1011	0.0594
QGA-BP	0.5090	0.4310	0.0882	0.0472	0.2448	0.1855	0.0909	0.0532
DCQGA-BP	0.5409	0.3930	0.0678	0.0496	0.2945	0.1818	0.0891	0.0498
IDCQGA-BP	0.5622	0.3641	0.0732	0.0597	0.2116	0.1691	0.0727	0.0367

表 5.4 2012 年运行结果

空港	上海浦东	上海虹桥	宁波	合肥	杭州	南京	温州	无锡
目标值	0.5745	0.3631	0.1183	0.0735	0.2625	0.1847	0.0858	0.0395
BP	0.6386	0.4098	0.1398	0.0996	0.3115	0.2052	0.1062	0.0602
QGA-BP	0.5370	0.3910	0.1088	0.0868	0.3048	0.1955	0.1003	0.0578
DCQGA-BP	0.6109	0.3830	0.1278	0.0696	0.2813	0.1618	0.0991	0.0502
IDCQGA-BP	0.5922	0.3741	0.1032	0.0697	0.2416	0.1791	0.0827	0.0387

从表 5.3 和表 5.4 可以得到以下结论：

（1）在长江三角洲地区，上海浦东国际机场的国际枢纽地位不可动摇，上海虹桥国际机场、杭州萧山国际机场、南京禄口国际机场仍是区域枢纽机场，而宁波栎社国际机场、合肥骆岗国际机场、温州永强机场和无锡苏南硕放国际机场仍处于支线机场的地位，这一点与参考文献[126]的结论是一致的。

（2）相比于 2011 年，虽然 2012 年 8 大空港的竞争力均有所增长，但是增长幅度却不同，其中宁波栎社国际机场竞争力增长幅度最大（41%），其次是合肥骆岗国际机场（16.75%）、杭州萧山国际机场（14.18%）和温州永强机场（13.76%），增幅较小的为上海浦东国际机场（5.34%）、上海虹桥国际机场（2.75%）和无锡苏南硕放国际机场（5.45%）。

基于 2011 年和 2012 年的实证数据，四种算法的误差状况与运行时间如表 5.5 所示。

表 5.5　四种算法的误差及运行时间

算法	最大误差	最小误差	平均误差	平均运行时间/秒
BP	1.156	0.560	0.714	11.539
QGA-BP	0.784	0.425	0.592	7.891
DCQGA-BP	0.629	0.162	0.301	6.560
IDCQGA-BP	0.627	0.146	0.287	6.195

从表 5.5 可以看出，不管是误差精度还是平均运行时间，相对于 BP 神经网络、量子遗传算法优化 BP 神经网络、双链量子遗传算法优化 BP 神经网络，改进的双链量子遗传算法优化 BP 神经网络的性能都是最优的。

5.3.2　动态竞争力分析

以 2011 年和 2012 年的空港竞争力作为动态竞争力研究的初始值，分析 2013～2015 年长江三角洲地区 8 大空港竞争力的变化情况。假设 2013～2015 年这 8 个空港的飞行区等级不发生变化，根据 2008～2012 年 8 个空港的平均情况，大专及以上学历员工比例年增长率为 15.2%，投资额年增长率为 13.2%，非航空公司专属的服务台数不发生变化；根据 2008～2012 年 8 个城市统计年鉴和统计公报的平均数据，城市居民交通支出年增长率为 11.08%，服务半径年增长率为 2.8%，第三产业产值年增长率为 17.7%。

8 大空港服务半径的重叠情况如表 5.6 所示。

表 5.6 8 大空港服务半径的重叠情况

是否重叠	上海浦东	上海虹桥	宁波	合肥	杭州	南京	温州	无锡
上海浦东	—	有	有	无	有	无	无	有
上海虹桥	有	—	有	无	有	无	无	无
宁波	有	有	—	无	有	无	无	无
合肥	无	无	无	—	无	有	无	有
杭州	有	有	有	无	—	无	无	有
南京	无	无	无	有	无	—	无	有
温州	无	无	无	无	无	无	—	无
无锡	有	无	无	有	有	有	无	—

8 大空港国际航线数量如表 5.7 所示。

表 5.7 2012 年 8 大空港国际航线数量

空港	上海浦东	上海虹桥	宁波	合肥	杭州	南京	温州	无锡
数量	93	10	13	8	27	18	7	7

另外，2012 年 8 大空港国际航班旅客吞吐量占总旅客吞吐量的比例为 $p_t = 20.2\%$。

根据前面增长率的假设，基于空港动态竞争力评价算法训练的权值，得到 2013~2015 年长江三角洲地区 8 大空港的竞争力，如表 5.8 所示。

表 5.8 2013~2015 年 8 大空港动态竞争力的运行结果

空港	上海浦东	上海虹桥	宁波	合肥	杭州	南京	温州	无锡
2013	0.6254	0.3905	0.1204	0.0965	0.2535	0.1847	0.0993	0.0547
2014	0.6544	0.4197	0.1449	0.1172	0.2703	0.1951	0.1025	0.0666
2015	0.6675	0.4252	0.1637	0.1362	0.2913	0.2201	0.1138	0.0883
平均增长率/%	3.3194	4.3940	16.6617	18.8312	7.1982	9.2223	7.1235	27.1688

从表 5.8 可以看出，2013~2015 年 8 大空港的竞争力均有所增长，但是增长幅度有所差别，其中无锡苏南硕放国际机场竞争力增长幅度最大，其次是合肥骆岗国际机场和宁波栎社国际机场，然后是南京禄口国际机场、杭州萧山国际机场和温州永强机场，增幅较小的为上海浦东国际机场和上海虹桥国际机场。这说明支线机场的竞争力增长迅速，其平均增长幅度（17.44%）大于国际枢纽机场（3.32%）和区域枢纽机场的平均增长幅度（6.94%），而区域枢纽机场的平均增长

幅度大于国际枢纽机场。这说明长江三角洲地区的空港差距在缩小，竞争合作呈现愈演愈烈的趋势。

5.4 本章小结

针对空港动态竞争力具有多维性和复杂性的特点，构建了考虑竞争合作的改进的双链量子遗传算法建立优化 BP 神经网络的算法，并利用我国 2011 年和 2012 年长江三角洲地区的 8 大空港的实证数据进行研究，得到 2013~2015 年 8 个空港的竞争力表现，弥补了现有研究只评价静态竞争力的不足。结果表明：①改进的双链量子遗传算法优化 BP 神经网络的算法在误差精度、运行时间等方面，都优于现有的量子遗传算法优化 BP 神经网络的算法；②长江三角洲地区的空港差距在缩小，竞争合作呈现愈演愈烈的趋势。

将双链量子遗传算法优化 BP 神经网络的算法运用到空港动态竞争力评价研究中，并对传统双链量子遗传算法优化 BP 神经网络的算法进行了改进，提出了改进的双链量子遗传算法优化 BP 神经网络的算法，在误差精度、运行时间等方面，它都优于现有的遗传算法优化 BP 神经网络的算法。该算法能够得到满意的拟合效果，精度较高，其适用性得到了验证。

该算法模拟了空港面临的竞争和合作对空港旅客吞吐量的影响，计算了空港在面临竞争与合作时的动态竞争力，填补了现有研究只考虑静态竞争力的空白，为合理评价动态竞争力奠定良好的基础。另外，根据经典经济学中竞争力的评价指标作为算法的目标输出以验证算法的优劣性，为合理评价空港动态竞争力提供了理论支撑。

需要指出的是，在本算法中，参数的设定存在一定的随机性，为了最小化这种随机性带来的影响，本书采用运行 10 次取平均值的方法，这无形中增加了工作量。在未来的研究中，应该从避免随机性的角度，对这一主题进行深入研究。

第6章　不同空港组的竞争力形成机理差异研究

6.1 引　　言

　　近年来，中国航空运输需求大幅增长。在2002年至2004年期间，中国完成了9大航空公司的重组和大约90个机场的本地化管理。从此，中国机场的所有权和管理权由中央政府转向地方政府。这些措施激发了机场的活力，同时表明中国机场正在逐步实现本土化管理的目标：投资多元化，管理专业化，服务社会化，运营标准国际化。2010年，旅客吞吐量已达到2.68亿人次，2014年达到3.92亿人次（中国民航，2015），复合年增长率约为7.9%，从长期来看将会持续增长（国际民航组织，2015年）。需求的快速增长为机场发展提供了良好的机遇。以固定资产投资为例，中国机场的价值从2010年的441.5亿元增长到2014年的560.8亿元，复合年增长率为4.9%。另外，近年来出现了更多的新机场，从2010年的175个增加到2014年的202个。许多机场必须与其他机场竞争航空公司，航线和乘客、其财务可行性也受到了这种竞争的影响。以浙江省为例，它的总面积约10万平方千米，有7个机场。但在这些机场中，只有杭州萧山国际机场具有较好的经济实力，其他6个机场的经营业绩相对较差。

　　良好的发展机遇和激烈的竞争环境可以影响机场业绩的诸多方面，而空港竞争力是衡量机场业绩的重要指标。空港竞争力是与其他机场竞争的能力，它的核心是培养机场的内在能力。因此，有必要探讨这些变化如何影响中国机场的竞争力。另外，不同的机场在不同的条件下运营，因此空港竞争力的发展可能会有所不同。从这个意义上说，探索不同类型机场的改进方法是有意义的。

　　然而，在现有研究中，不同机场类型对竞争力形成机制的影响尚未被考虑。中国横跨广大地区，覆盖了不同经济发展水平的各个地区。而中国的机场分布在不同的地区，因此它们的竞争力形成机制可能存在一定的差异，在形成机制的研究中应考虑这些差异。

　　基于以上分析，本书试图找出机场之间的差异，探讨不同机场的竞争力形成机制，以验证差异。如果差异得到验证，机场可以采取有针对性的措施来提高竞争力。

6.2 空港分组

本书的实证研究利用 2010~2014 年 5 年的数据。旅客吞吐量和新机场的不断涌现加剧了机场之间的竞争。提高竞争力是机场可持续发展的重要内容。因此，研究这一时期空港竞争力的形成机制具有重要意义。

我们选择了 2014 年旅客吞吐量超过 200 万人次的 45 个中国机场。具体情况见表 6.1。

表 6.1　45 个机场的详细情况

机场	所在城市	IATA 编码	2014 年旅客吞吐量/人次
北京首都国际机场	北京	PEK	86 128 313
广州白云国际机场	广州	CAN	54 780 346
上海浦东国际机场	上海	PVG	51 687 894
上海虹桥国际机场	上海	SHA	37 971 135
深圳宝安国际机场	深圳	SZX	36 272 701
成都双流国际机场	成都	CTU	37 675 232
昆明长水国际机场	昆明	KMG	32 230 883
杭州萧山国际机场	杭州	HGH	25 525 862
西安咸阳国际机场	西安	SIA	29 260 755
重庆江北国际机场	重庆	CKG	29 264 363
厦门高崎国际机场	厦门	XMN	20 863 786
武汉天河国际机场	武汉	WUH	17 277 104
南京禄口国际机场	南京	NKG	16 283 816
长沙黄花国际机场	长沙	HHA	18 020 501
海口美兰国际机场	海口	HAK	13 853 859
大连周水子国际机场	大连	DLC	13 551 223
青岛流亭国际机场	青岛	TAO	16 411 789
沈阳桃仙国际机场	沈阳	SHE	12 800 272
三亚凤凰国际机场	三亚	SYX	14 942 356
郑州新郑国际机场	郑州	CGO	15 805 443
乌鲁木齐地窝堡国际机场	乌鲁木齐	URC	16 311 140
哈尔滨太平国际机场	哈尔滨	HRB	12 239 026
济南遥强国际机场	济南	TNA	8 708 950
天津滨海国际机场	天津	TSN	12 073 041

续表

机场	所在城市	IATA 编码	2014 年旅客吞吐量/人次
福州长乐国际机场	福州	FOC	9 353 414
贵阳龙洞堡国际机场	贵阳	KWE	12 525 537
太原武宿国际机场	太原	TYN	7 931 902
桂林两江国际机场	桂林	KWL	6 897 741
温州永强机场	温州	WNZ	6 802 179
宁波栎社国际机场	宁波	NGB	6 359 139
南宁吴圩国际机场	南宁	NNG	9 412 246
南昌昌北国际机场	南昌	KHN	7 240 861
长春龙嘉国际机场	长春	CGQ	7 421 726
合肥新桥国际机场	合肥	HFE	5 974 599
兰州中川国际机场	兰州	LHW	6 588 862
呼和浩特白塔国际机场	呼和浩特	HET	6 469 632
丽江三义国际机场	丽江	LJG	4 852 284
烟台莱山国际机场	烟台	YNT	4 305 822
无锡苏南硕放国际机场	无锡	WUX	4 180 038
银川河东国际机场	银川	INC	4 663 809
西双版纳嘎洒国际机场	西双版纳	JHG	3 360 505
泉州晋江国际机场	泉州	JJN	2 784 207
北京南苑机场	北京	NAY	4 929 241
珠海三灶国际机场	珠海	ZUH	4 075 918
揭阳潮汕国际机场	揭阳	SWA	2 870 252

注：IATA（International Air Transport Association），即国际航空运输协会

为了满足结构方程模型对物体数量的要求，对于每个机场，我们将不同年份的机场视为不同的机场。因此，总共有 225 个机场作为样本（5 年内的 45 个机场）。数据来自年度报告和调查。采用 K 均值聚类算法对 225 个样本进行分组，并设定组数为 3。

每个不同年份的机场被认为一个独立的观察有两个原因。首先，样本受到数据的限制。中国大约有 210 个机场，但许多机场没有可供参考的资料。如果我们只选择某一年的机场作为样本，样本量将不会达到结构方程模型的最低标准。其次，选择主营业务收入和资产回报率作为样本分类的参考指标，数据显示，同一机场不同年份之间的差异相对较大。2010～2011 年、2011～2012 年、2012～2013 年和 2013～2014 年 45 个机场主营业务收入的平均变化率分别为 17.70%、20.43%、14.01%和 12.99%。2010～2011 年、2011～2012 年、2012～2013 年和 2013～

2014年平均资产回报率分别为47.89%、227.41%、23.99%和220.68%。我们发现即使是在同一个机场，这两个指标在不同年份也有很大的变化。基于这两个原因，我们把每个机场在不同的年份作为一个独立的观察个体。

K均值聚类算法的主要原理如下。对于K均值聚类算法，输入为数据集X和聚类数k，X数据集的数据点数为n，输出为聚类集$C_j(j=1,2,\cdots,k)$。

步骤1：设置$I=1$，从X中随机选取k个数据点作为初始聚类中心$m_j(I)$，$j=1,2,\cdots,k$。

步骤2：计算每个数据点与k个聚类中心之间的距离$d(x_i,m_j(I))$，$i=1,2,\cdots,n$，$j=1,2,\cdots,k$。

如果满足

$$d(x_i,m_j(I))=\min\{d(x_i,m_j(I)),j=1,2,\cdots,k\}$$

那么$x_i\in C_j$。

步骤3：计算新的聚类中心

$$m_j(I+1)=\frac{1}{N_j}\sum_{i=1}^{N_j}x_i,\ x_i\in C_i,\ j=1,2,\cdots,k$$

步骤4：如果$m_j(I+1)\ne m_j(I)$，$j=1,2,\cdots,k$，那么$I=I+1$，返回步骤2；否则，算法停止。

算法表明初始聚类中心的选择对聚类结果至关重要。在传统的K均值聚类算法中，该方法是随机选择的。许多论文采用模拟退火算法和遗传算法来帮助选择初始聚类中心，但效果尚未得到广泛认可。因此，本书采用随机选择法选择初始聚类中心。

本书将机场聚集在一起讨论不同机场群体的不同形成机制。由于我们把主营业务收入和资产回报率作为指标体系中空港竞争力的静态可测量指标，因此我们选择了这两个指标作为聚类变量。主营业务收入是指机场的航空收入，包括与飞行器、乘客和货物相关的业务。资产回报率定义为净利润与总资产的比率，为百分比。

根据中国民用航空局的机场分类，中国机场可分为三类：国际枢纽机场、区域枢纽机场和支线机场，因此我们将组数设置为3，结果示于表6.2中。三个组的中心分别是：组1（45.32，6.32），组2（32.31，5.13），组3（8.65，11.43），主营业务收入为10^8元，资产回报率为百分比。

表6.2 聚类算法的结果（1、2和3表示三个组）

机场	2010	2011	2012	2013	2014
北京首都	1	1	1	1	1
广州	2	2	1	1	1

续表

机场	2010	2011	2012	2013	2014
上海浦东	1	1	1	1	1
上海虹桥	2	2	1	1	1
深圳	2	2	2	2	2
成都	3	3	2	2	2
昆明	3	3	2	2	2
杭州	2	2	2	2	2
西安	2	2	2	2	2
重庆	3	3	2	2	2
厦门	3	3	3	3	3
武汉	2	2	2	2	2
南京	3	3	3	3	3
长沙	2	2	2	2	2
海口	3	3	3	3	3
大连	3	2	2	2	2
青岛	3	3	2	2	2
沈阳	3	2	2	2	2
三亚	3	3	3	3	3
郑州	2	2	2	2	2
乌鲁木齐	3	3	3	3	3
哈尔滨	3	3	3	3	3
济南	3	2	2	3	2
天津	1	1	1	1	1
福州	3	3	3	3	3
贵阳	3	3	3	3	3
太原	3	3	3	3	3
桂林	3	3	3	3	3
温州	3	3	3	3	3
宁波	3	2	2	2	2
南宁	3	3	3	3	3
南昌	3	3	3	3	3
长春	3	3	3	3	3
合肥	3	3	3	3	3
兰州	2	2	2	2	2

续表

机场	2010	2011	2012	2013	2014
呼和浩特	3	3	3	3	3
丽江	3	3	3	3	3
烟台	3	3	3	3	3
无锡	3	3	2	2	3
银川	3	3	3	3	3
西双版纳	3	3	3	3	3
泉州	3	3	3	3	3
北京南苑	3	3	3	3	3
珠海	3	3	3	3	3
揭阳	3	3	3	3	3

在表 6.2 中，第 1 组有 21 个样本，而第 2 组有 68 个样本，第 3 组有 136 个样本。从三个集群中心得出的结论是：第 1 组机场的主营业务收入高，资产回报率中等；第 2 组机场的主营业务收入中等，资产回报率低；第 3 组机场的主营业务收入较低，而资产回报率较高。

根据中国民用航空局的分类结果和表 6.1 中指标的实际数据，第 1 组中的大部分机场为国际枢纽机场，第 2 组中的大多数机场是区域枢纽机场，第 3 组中的大部分机场都是支线机场。有些机场在不同年份分属不同的组别，大部分已经变成了更大的机场，如广州白云国际机场和上海虹桥国际机场，它们在 2010 年和 2011 年是第 2 组的区域枢纽机场，但是在 2012~2014 年则转移为第 1 组的国际枢纽机场。这个现象反映了这些中国机场的快速发展，即使只有短短的几年，机场也发生了很大的变化，同时也表明了考虑将每个不同年度的机场作为独立观察个体的合理性。

6.3 空港竞争力指标体系

根据现有论文中提到的企业竞争力理论，企业竞争力是从自身资源和能力的角度及与其他竞争对手的比较角度两个角度界定的。

关于前者，Prahalad 和 Hamel[127]认为企业竞争力来源于其核心竞争力，而核心竞争力的差异导致了不同的收益和竞争能力。张维迎[128]认为，竞争力来源于企业所拥有的核心资源，而这种竞争力是其他企业无法复制的。金碚[129]认为企业竞争力来源于行业环境、自有资源、核心能力和知识四个方面。

对于后一个角度，张志强和吴健中[130]认为企业竞争力是一个相对的概念，包括三个部分：潜在的市场竞争力、真实的市场竞争力及将潜在竞争力转化为实际竞争力的能力。李显君[131]指出，企业竞争力是与其他企业共享市场，通过优化企业资源配置来保持发展和创造价值的一种比较能力。

这两个角度各有优缺点，两者不能互相取代。Cui 等[5]遵循前一个角度，建立了空港竞争力指标体系，该指标体系由静态评价指标和形成机制指标构成。主营业务收入和资产回报率被定义为空港竞争力的静态评估指标。我们继续遵循此原则，从机场自身资源的角度建立一个新的指标体系，如表 6.3 所示。

本书还选择主营业务收入和资产回报率作为空港竞争力的静态可测指标。现有研究的形成机制指标包含四个方面：区域发展、生产要素、需求状况和支撑产业。本书的形成机制指标体系包含了前人研究的大部分指标，并增加了更为详细的指数。区域发展、需求状况和支撑产业的可测变量与前人研究的相同。但是，我们定义了基础设施条件、运营能力、服务能力和技术指标来丰富现有研究指标体系中的生产要素。例如，定义了航线数量、停机位数量、跑道长度和机场终端区域，以进一步描述的飞行区域水平指标。

因此，本书从区域发展、基础设施条件、运营能力、需求状况、支撑产业、服务能力和技术指标七个方面界定了形成机制指标体系。

区域发展是指机场城市的发展状况，包含四个可测指标：GDP、第三产业产值比例、城市 R&D 投入和高等学校毕业生数。这四个指标代表机场所在地区的经济水平、行业水平、R&D 投入和人力资源状况。第三产业产值比例定义为第三产业产值与 GDP 的比值。机场的主要产品是服务，所以第三产业产值比例与空港竞争力密切相关。这四个指标来自机场所在城市的城市统计年鉴。

基础设施条件是指机场的基础设施，包含四个可衡量的指标：航线数量、跑道长度、停机位数量和机场航站楼面积。表示机场基础设施条件的这四个指标来自中国民用航空局的统计数据，由于机场的航空收入是主营业务收入，我们没有考虑机场航站楼的零售区域。

运营能力描述了机场的运营状况，包含三个可衡量的指标：总资产、利润率和每名员工的利润。这三个指数表示机场的经济产出表现，它们是从机场的年度报告、其他报告和调查中得出的。每名员工的利润是总利润与员工总数的比率，反映了机场的人力资源表现。

需求状况描述了市场状况，这方面包含四个可测量的指标：城市可支配收入、服务半径、城市固定资产投资额和位于机场的航空公司数量。城市可支配收入定义为各城镇居民处置收入，可反映居民对机场服务的消费能力和潜在消费量。服务半径由中国民用航空局官方定义为机场 100 千米范围内或在 1.5 小时的驾驶范围内的人数。在本书中，服务半径被定义为中国直辖市和地级城市的人数[5]。城市固定资产投资包括建设项目投资、房地产投资和私人房屋建设投资，总投资额大于等于 500 万元。城市固定资产投资是扩大对航空运输消费等产品和服务需求的重要因素。因此，我们将其定义为需求状况的指标。位于机场的航空公司数量是将机场作为基地机场的航空公司总数。

支撑产业定义为相关产业的情况，包括三个可衡量的指标：公路、铁路和水路总客运量，公路、铁路和水路总货运量，旅游总收入。这三个指数来自机场城市的城市统计年鉴。其他交通方式和旅游业与机场发展有着密切的关系，所以我们建立了这三个支撑产业指数。

服务能力描述了机场的服务状况，包含三个可衡量的指标：当年所有航班的平均准时率、旅客吞吐量和货物吞吐量。航班延误是指实际着陆时间超过 30 分钟或航班取消的情况。机场支持是导致航班延误的重要因素，因此我们将平均准时率定义为服务能力的基本指标。旅客吞吐量和货物吞吐量是国内和国际航班的总吞吐量。在本书的样本中，有些机场国际航班很少。例如，揭阳潮汕国际机场于 2014 年 6 月开通了国际航班到东南亚，机场 2010~2013 年的国际旅客吞吐量较小，如果将国内外吞吐量分开，零值将对结构方程模型的结果产生极大的影响，因此我们应用乘客和货物的总吞吐量。

技术指标是指机场技术改进情况，它包含两个可衡量的指标：技术进口总量和 R&D 投入总量。这两个指标从进口和独立两个方面来描述技术指标。主要技术包括筛选技术、飞行导航技术、驱鸟技术、节能技术和信息技术。

详细的指标体系如表 6.3 所示。

表 6.3 指标体系

指标分类	潜在变量	可测变量
静态指标体系	空港竞争力（competitiveness，Com）	主营业务收入（万元）
		资产回报率
形成机制指标体系	区域发展（regional development，RD）	GDP（亿元）
		第三产业产值比例
		城市 R&D 投入（亿元）
		高等学校毕业生数（万人）
	基础设施条件（infrastructure conditions，IC）	航线数量（条）
		跑道长度（米）
		停机位数量
		机场航站楼面积（万平方米）
	运营能力（operations strength，OS）	总资产（亿元）
		利润率
		每名员工的利润（万元）

续表

指标分类	潜在变量	可测变量
形成机制指标体系	需求状况（demand condition，DC）	城市可支配收入（元）
		服务半径（万人）
		城市固定资产投资额（亿元）
		位于机场的航空公司数量（家）
	支撑产业（supporting industry，SI）	公路、铁路和水路总客运量（万人次）
		公路、铁路和水路总货运量（万吨）
		旅游总收入（亿元）
	服务能力（service strength，SS）	当年所有航班的平均准时率
		旅客吞吐量（万人次）
		货物吞吐量（万吨）
	技术指标（technology index，TI）	技术进口总量（亿元）
		R&D投入总量（亿元）

6.4 形成机理模型

本部分使用结构方程模型。结构方程模型是一个线性统计建模工具，用于分析变量之间的关系。它包含一个潜在的变量层和一个可测量的变量层。其原理如下：在建立结构方程模型以验证假设之前，必须给出潜变层上的一些假设。与评估机场效率的数据包络分析不同，结构方程模型是一种评估机场绩效的参数方法。结构方程模型不是一种评价方法，而是被用来分析影响空港竞争力的因素之间的关系。

6.4.1 形成机理假设

本章提出了潜在变量层的以下基本假设。
H6.1：区域发展对空港竞争力有积极的影响。
H6.2：区域发展对需求状况有积极的影响。
H6.3：需求状况对空港竞争力有积极的影响。
H6.4：基础设施条件对空港竞争力有积极的影响。
H6.5：基础设施条件对运营能力有积极的影响。
H6.6：运营能力对空港竞争力有积极的影响。
H6.7：技术指标对服务能力有积极的影响。

H6.8：服务能力对空港竞争力有正面的影响。

H6.9：支撑产业对服务能力有积极的影响。

H6.10：支撑产业对空港竞争力有积极的影响。

H6.11：运营能力对服务能力有正面的影响。

在 11 个假设中，H6.1、H6.2 和 H6.10 与 Cui 等[5]中的假设相同，而其他的是新提出的。

这些基本的假设如图 6.1 所示。

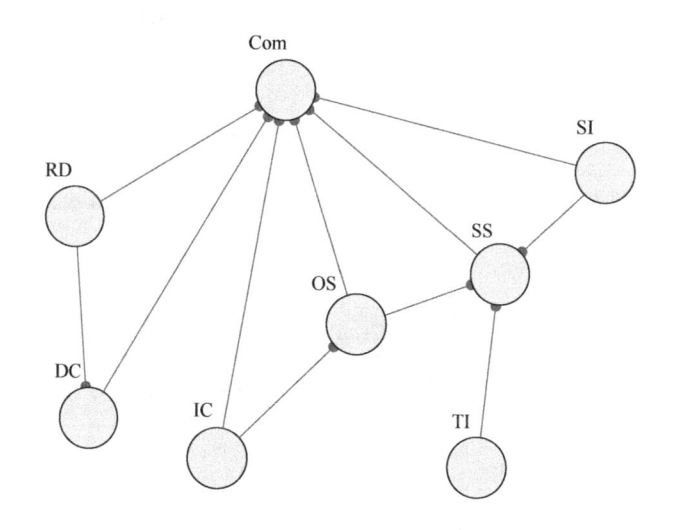

图 6.1　基本框架

6.4.2　数据介绍

实证数据来自上述 45 个机场，2010~2014 年 45 个机场的旅客吞吐量在中国排名前 45 位，所在城市是中国最发达的城市，因此对这些空港竞争力形成机制的研究具有足够的代表性。

主营业务收入、资产回报率、总资产、利润率、人均利润、技术进口总量和上市机场 R&D 投入总量（北京首都，广州，上海浦东，深圳，厦门和海口）是从年报中获得的。其他机场的相应数据是从报告和调查中收集的。根据中国民用航空局的统计数据，得到所有机场的航线数量、跑道长度、停机位数量、机场航站楼数量、旅客吞吐量和货物吞吐量数据。年度所有航班的平均准时率数据是从 Feeyo.com（一个飞行数据网络）的分析报告中提取的。其他数据来自机场城市的城市统计年鉴。

6.4.3 模型检验

结构方程模型中有两种检验方法：信度检验和效度检验。信度检验的两个指标是 Cronbach'α 和 CR。如果两个指标大于 0.6，则模型的信度可以通过检验。如果它们中的任何一个小于 0.3，则必须修改模型。在效度检验中有两个标准：AVE 的所有平方根大于潜在变量相关系数的绝对值，并且所有的 AVE 必须大于 0.5。AVE 通过计算不同结构之间的相关性来度量结构及其变量之间的平均方差。

1. 信度检验

在内部一致性检验方面，主要指标是 Cronbach'α。Cronbach'α 的数值通过 SPSS 19.0 计算，如表 6.4 所示。

表 6.4 Cronbach'α 的值

组	区域发展	基础设施条件	运营能力	需求状况	支撑产业	服务能力	技术指标	空港竞争力
1	0.779	0.956	0.728	0.773	0.549	0.652	0.850	0.761
2	0.656	0.965	0.509	0.574	0.745	0.632	0.656	0.714
3	0.838	0.937	0.643	0.745	0.945	0.615	0.873	0.640

从表 6.4 可以得出结论，大部分 Cronbach'α 大于 0.6。组 2 的运营能力和需求状况以及组 1 的支撑产业的 Cronbach'α 值均小于 0.6，但均大于 0.3，因此该模型不需要修改，可以通过内部一致性检验。

对于合成信度，应该检验 CR 值，公式为

$$\mathrm{CR}_j = \frac{\left(\sum_{h=1}^{p_j} \lambda_{jh}\right)^2}{\left(\sum_{h=1}^{p_j} \lambda_{jh}\right)^2 + \sum_{h=1}^{p_j} \theta_{jh}}$$

式中，λ_{jh} 为第 j 个潜变量的第 h 个可测变量的权重；θ_{jh} 为第 j 个潜变量的第 h 个可测变量的测量误差；p_j 为第 j 个潜变量的可测变量的数量。

表 6.5 中显示了 CR 值。

第 6 章 不同空港组的竞争力形成机理差异研究

表 6.5 CR 值

组	区域发展	基础设施条件	运营能力	需求状况	支撑产业	服务能力	技术指标	空港竞争力
1	0.736	0.970	0.463	0.862	0.777	0.693	0.940	0.769
2	0.766	0.976	0.682	0.755	0.856	0.661	0.854	0.664
3	0.898	0.957	0.423	0.852	0.967	0.6900	0.877	0.687

如表 6.5 所示，大多数 CR 值大于 0.6，只有组 1 和组 3 的运营能力 CR 值小于 0.6，但大于 0.3。因此，该模型不需要修改，可以通过合成信度检验。

2. 效度检验

对于效度检验，主要指标是 AVE，其公式为

$$\text{AVE}_j = \frac{\sum_{h=1}^{p_j} \lambda_{jh}^2}{\sum_{h=1}^{p_j} \lambda_{jh}^2 + \sum_{h=1}^{p_j} \theta_{jh}^2}$$

式中，λ_{jh} 为第 j 个潜变量的第 h 个可测变量的权重；θ_{jh} 为第 j 个潜变量的第 h 个可测变量的测量误差；p_j 为第 j 个潜变量的可测变量的数量。

在判别效度方面，主要标准是 AVE 的平方根是否大于其他潜变量的相关系数。如果是这样的话，判别效度是真实的，变量之间有明显的差异。三组的结果如表 6.6～表 6.8 所示。对角线上的值代表 AVE 的平方根。

表 6.6 组 1 的判别效度值

组 1	RD	IC	OS	DC	SI	SS	TI	Com
RD	0.713							
IC	0.749	0.942						
OS	0.769	0.859	0.720					
DC	0.544	0.742	0.660	0.781				
SI	0.208	0.213	0.139	0.600	0.765			
SS	0.692	0.917	0.635	0.719	0.337	0.898		
TI	0.317	0.394	0.299	0.466	0.349	0.380	0.942	
Com	0.624	0.810	0.501	0.713	0.174	0.825	0.152	0.833

表 6.7 组 2 的判别效度值

组 2	RD	IC	OS	DC	SI	SS	TI	Com
RD	0.725							
IC	0.231	0.953						

续表

组 2	RD	IC	OS	DC	SI	SS	TI	Com
OS	0.211	0.427	0.723					
DC	0.530	0.356	0.104	0.738				
SI	0.759	0.416	0.231	0.387	0.816			
SS	0.215	0.925	0.377	0.253	0.378	0.896		
TI	0.188	0.557	0.042	0.461	0.394	0.393	0.863	
Com	0.249	0.593	0.531	0.411	0.306	0.561	0.263	0.885

表 6.8 组 3 的判别效度值

组 3	RD	IC	OS	DC	SI	SS	TI	Com
RD	0.832							
IC	0.759	0.921						
OS	0.784	0.771	0.748					
DC	0.812	0.696	0.636	0.774				
SI	0.685	0.884	0.561	0.708	0.952			
SS	0.741	0.914	0.612	0.521	0.826	0.887		
TI	0.473	0.713	0.504	0.513	0.546	0.657	0.884	
Com	0.599	0.658	0.592	0.519	0.660	0.593	0.463	0.844

在表 6.6~表 6.8 中，三组 AVE 的平方根都大于其他潜变量的相关系数，因此该模型可以通过判别效度检验。

对于内敛效度，主要标准是 AVE 的值是否大于 0.5。如果是这样的话，内敛效度是真实的，模型可以通过效度检验。AVE 的结果如表 6.9 所示。

表 6.9 AVE 的值

组	区域发展	基础设施条件	运营能力	需求状况	支撑产业	服务能力	技术指标	空港竞争力
1	0.508	0.888	0.519	0.610	0.585	0.806	0.887	0.693
2	0.526	0.909	0.523	0.545	0.666	0.803	0.745	0.782
3	0.693	0.849	0.559	0.599	0.907	0.788	0.782	0.712

在表 6.9 中，所有的 AVE 都大于 0.5，所以模型可以通过内敛效度检验。

总之，该模型能够通过信度检验和效度检验，为形成机制研究奠定了良好的基础。

6.4.4 结果讨论

本书采用 Visual-PLS 软件对假设进行检验，三个机场群的结果如图 6.2～图 6.4 所示。我们没有考虑到监管变化的影响、公共资金的存在或其他因素。在中国，大部分的机场都是由当地政府所有，大部分的规定是由中国民用航空局制定的。因此，中国所有机场的监管变化是一样的，公共资金对机场的形成机制影响不大。

图 6.2 和图 6.4 中的所有 RSq 均大于 0.5，说明这两种模型具有较强的解释力。而且，图 6.3 中只有一个 RSq 小于 0.5，对模型的解释力影响不大。

在图 6.2 中，假设 H6.11 没有通过检验。对于组 1，运营能力对服务能力没有正面的影响。很可能，组 1 的大多数机场都是大型机场，大量的资产可以保证很高的旅客吞吐量和货物吞吐量。但整体航班准时率太低，不利于增加正面影响。以北京首都国际机场、上海浦东国际机场、天津滨海国际机场为例，根据 variflight.com 的统计数据，2016 年 5 月，这三个机场的航班数分别为 24 613、18 241 和 5549，在 45 个机场中分别排名第 1 位、第 2 位和第 18 位。但其航班准时率分别为 63.95%、56.89% 和 72.82%，在 45 个机场中分别排名第 39 位、第 45 位和第 37 位。这些机场运营能力较强，但由于航班准时率较低，服务能力较弱。

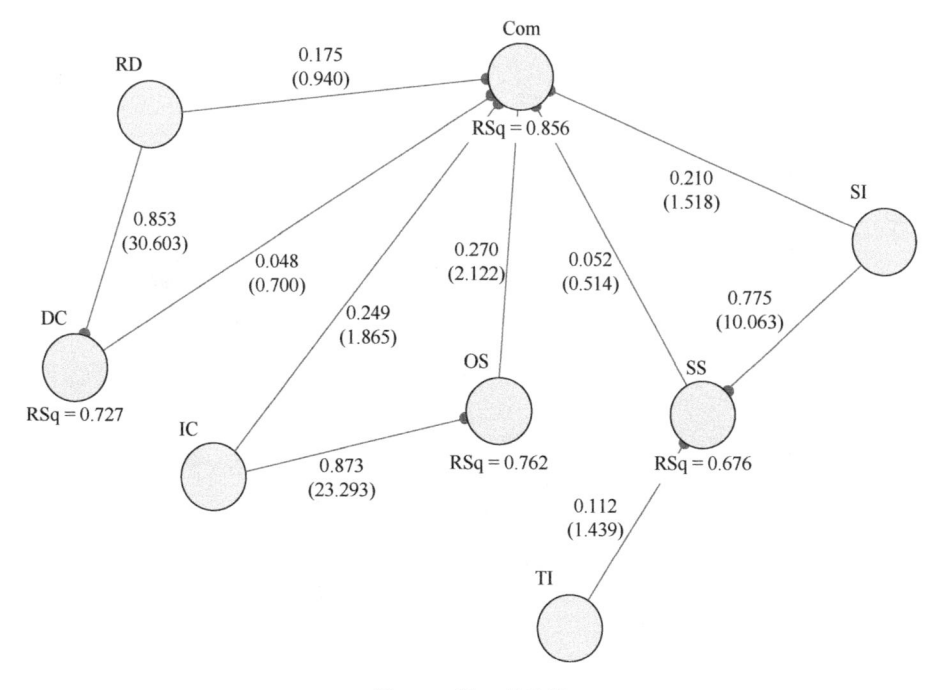

图 6.2 组 1 的结果

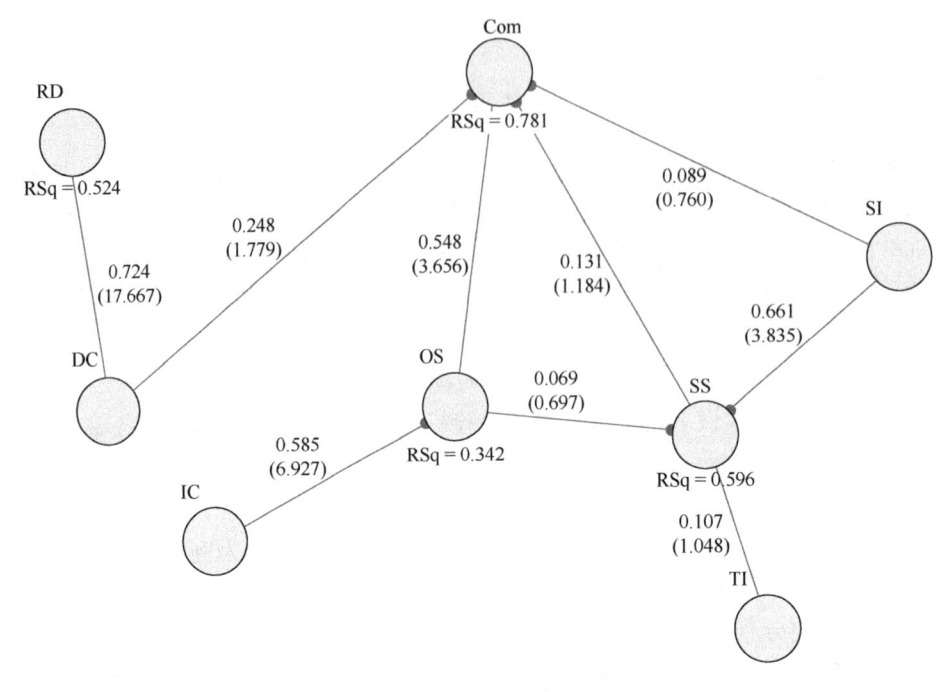

图 6.3 组 2 的结果

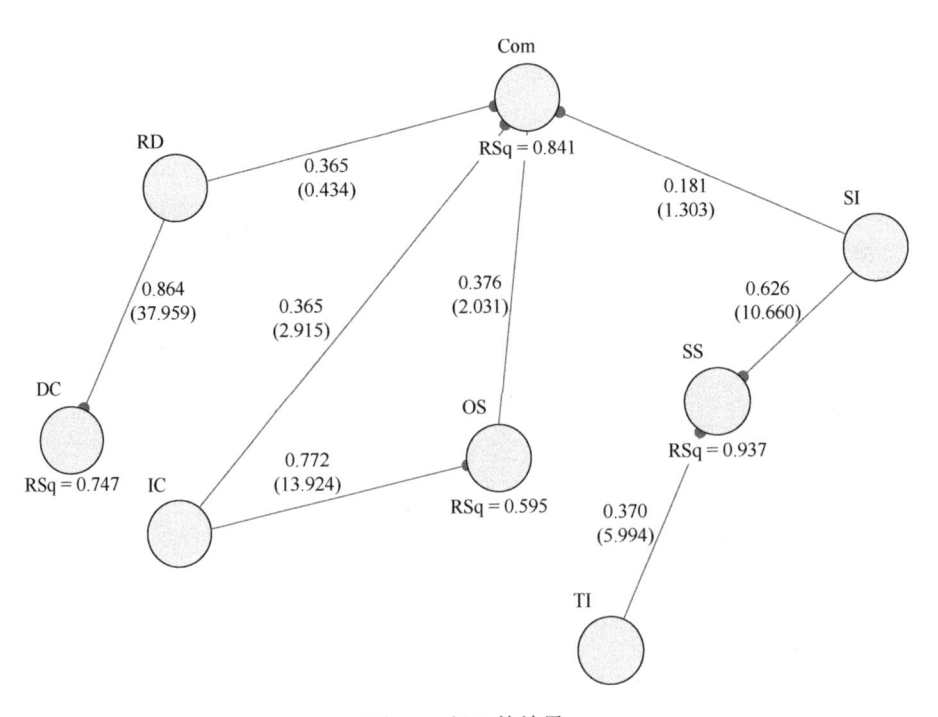

图 6.4 组 3 的结果

在图 6.3 中，假设 H6.1、H6.2 和 H6.4 没有通过检验，并且 H6.2 的相反方向已经被验证。区域发展对空港竞争力没有积极的影响。基础设施条件对空港竞争力没有积极影响，需求状况对区域发展有积极影响。对于 H6.1 和 H6.4，组 2 中的大多数机场都是地区机场，位于发展中地区。与需求状况的影响相比，区域发展和基础设施条件对空港竞争力的影响在这一时期并不明显。对于 H6.2 而言，组 2 机场对所在地区的发展影响较大，说明需求状况对区域发展的影响大于反向影响。

在图 6.4 中，假设 H6.3、H6.8 和 H6.11 没有通过检验。需求状况对空港竞争力没有正面影响，服务能力对空港竞争力没有积极影响。运营能力对服务能力没有积极的影响。对于 H6.11 而言，组 3 大部分机场可能是小型机场，资产和利润对机场吞吐量的影响可能不明显。对于 H6.3 和 H6.8，与运营能力相比，需求状况和服务能力对小型空港竞争力的影响不明显。

从图 6.2~图 6.4 可以看出，不同类型的机场具有不同的竞争力形成机制，可以为不同机场提供竞争力提升建议。

如图 6.2~图 6.4 所示，三个数字中对空港竞争力最重要的影响潜力变量是相同的——运营能力。然而，第二个最重要的变量是不同的。在图 6.2 和图 6.4 中是基础设施条件。在图 6.4 中，该变量是需求状况。

此外，在图 6.2 中，六个潜在变量对空港竞争力有积极的影响：区域发展、需求状况、基础设施条件、运营能力、服务能力和支撑产业。对于国际枢纽机场来说，应该从这六个方面提升空港竞争力，特别是运营能力和基础设施条件。

在图 6.3 和图 6.4 中，相应的数字变为四，而且这四个潜在变量在两个图中是不同的。在图 6.3 中，四个潜在变量是需求状况、运营能力、服务能力和支撑产业。对于区域枢纽机场，应从这四个方面提升空港竞争力，特别是运营能力和需求状况等。

在图 6.4 中，四个变量是区域发展、基础设施条件、运营能力和支撑产业。对于支线机场来说，应该从这四个方面提高空港竞争力，特别是运营能力和基础设施条件。

所有这些信息都为改善不同类型机场的空港竞争力提供了有针对性的参考。

6.5 本章小结

本章研究了空港竞争力形成机制的差异。以 2010~2014 年的 45 个中国机场数据为实证数据。根据 K 均值聚类算法的结果将这 225 个样本分成三组。在此基础上，提出了 11 个空港竞争力形成机制的基本假设。然后，三个机场组的数据被用来验证假设。结果表明，不同的机场群体具有不同的空港竞争力形成机制。

整体而言，与现有文献相比，本书的贡献体现在两个方面。首先，构建了包括区域发展、基础设施条件、运营能力、需求状况、支撑产业、服务能力和技术指标在内的七个潜在变量的空港竞争力新指标体系。新的指标体系丰富了机场研究理论，为机场管理者提供了新的分析视角。其次，为机场集团研究空港竞争力形成机制提供了新的视角。五年内的 45 个机场根据总营业收入和资产回报率分为三组，提出了一个共同的竞争力形成机制框架，结果验证了不同的机场具有不同的形成机制，可以为不同机场提供竞争力改善建议。

未来的研究可以集中在探索不同空港组的重要影响因素。

第 7 章 空港联盟决策算法研究

7.1 空港联盟介绍

7.1.1 国内外空港联盟情况

近年来，中国经济的高速发展和居民消费水平的提高大大增加了对航空业的需求，我国各地纷纷制定规划，投资建设新空港或者进行空港扩建，极大地方便了人们的出行和推动了我国经济的发展，但是也出现了某些地方空港"扎堆"现象。因此，空港资源整合势在必行，空港联盟就是其中一条途径。

在国际上，最著名的空港联盟有三个。第一个空港联盟是 Pantares 空港联盟，它是由德国法兰克福国际机场与荷兰史基浦机场在 2000 年正式成立。值得一提的是，由于法兰克福国际机场和史基浦机场的驻场航空公司所属航空联盟不同，这两个机场的竞争十分激烈。Pantares 空港联盟的成立动机是多样化的，20 世纪 90 年代末，在航空公司经营自由化，航空联盟使空港之间和航空公司之间的竞争升级的大背景下，机场需要减少开支，提升服务质量。Pantares 空港联盟的目的之一是追求成本协同效应，将合作优势最大化，同时 Pantares 空港联盟还致力于在全球机场市场中投资，打造共同品牌，提供机场服务。

与普通的空港合作方式相比，空港联盟有两个独特的方面：空港联盟对其他空港开放，追求更高的成本协同效应；空港联盟还包括成立合资企业。Pantares 空港联盟早期就进行了多个合作项目，包括在香港国际机场成立了一个合资物流中心。然而，由于驻场航空公司所属航空联盟不同带来的竞争，Pantares 空港联盟未能实现他们的远期目标。

第二个空港联盟出现在货运板块，被称为银河国际货运联盟，是一个专门从事货运的全球空港联盟。1999 年，由华盛顿杜勒斯国际机场和法国的一家小型货运机场成立，到 2001 年共发展了 21 个会员空港。其目的是促进航空货运和物流的发展，不包括投资项目。这个联盟没有创造太大的利益，由于国际航空货运协会的成立而解散。

第三个空港联盟是世界上最活跃的跨国空港联盟，是 2011 年由法国巴黎机场集团、荷兰史基浦机场集团和韩国仁川机场集团共同成立的。该联盟是 2008 年成立的法国巴黎机场集团和荷兰史基浦机场集团联盟的升级版。2008 年 10 月，法国巴黎机场集团和荷兰史基浦机场集团结成战略联盟。约定联盟最初 12 年双方交叉持有对方 8%的资产股权。这两个机场集团结成联盟有一个重要的合作基础——两个空港的主运营航空公司法国航空公司和荷兰皇家航空公司同属于法荷航集团。同时，这两个航空公司也是天合联盟的成员航空公司。这个机场联盟成立的目的在于提升两个空港的竞争力。2011 年，韩国仁川机场集团入盟，实现了建立全球空港联盟的初衷。

近年来，我国也成立了不少空港联盟，较为引人注目的主要有 3 个：泛珠三角机场战略联盟、中国大型机场航空市场发展联盟、东北腹地及环渤海区域相关机场航空市场战略联盟[①]。

泛珠三角机场战略联盟成立于 2010 年。泛珠三角 11 个地区的近 60 家空港联手打造了这个中国最大规模的空港联盟。联盟成立之初，泛珠三角"9+2"区域机场（集团）签署了《泛珠三角机场战略合作行动纲领》和《泛珠三角机场合作与发展论坛章程》。但迄今，第二次联盟会议仍然没有召开[①]。

中国大型机场航空市场发展联盟成立于 2011 年，这是由大连周水子国际机场联合北京首都国际机场等全国 13 家千万级大型空港共同发起的。尽管制定了《全国千万级机场航空市场战略大联盟章程》，但这个联盟的合作主要停留在经验交流上，并没有实质性的内容[①]。

2009 年，由大连周水子国际机场发起成立了东北腹地及环渤海区域相关机场航空市场战略联盟，有 27 家成员空港。到 2012 年，联盟成员已发展到 38 家。从目前情况看来，国内空港联盟较为活跃的仅有东北腹地及环渤海区域相关机场航空市场战略联盟一家。

还有一些未明确定义的空港联盟。例如，在珠江三角洲，香港和深圳机场持续不断地探究如何实现互惠互利，并且已经在两地之间开发出了良好的运输网络。旅客可以利用香港良好的国际航线网络进行中转，也可以选择深圳广泛的国内航线网络。

7.1.2　空港联盟优缺点分析

1. 空港联盟的优点

（1）最大化成本协同效应。以巴黎机场和史基浦机场结成的联盟为例，双方通过双基地战略和优化运营，联盟实现了成本协同效应的最大化，双方共同成立了合资公司，以方便在全世界开发新的机场项目。而最近加入的仁川国际机场，它与巴黎机场和史基浦机场的合作并不包含投资项目。但是通过共享经验，联盟的服务水平可以得到提高，在销售方面也能紧密合作。这样的空港联盟带给空港的是运营成本的降低、服务品质的提高和更广阔的市场。

---

① 陈嘉佳. 机场联盟动力何在？[N]. 中国民航报，2012（5）.

(2) 服务品质的提高和联合市场的开拓。从现状来看，我国空港联盟则更看重服务品质的提高和联合市场的开拓。自 2009 年东北腹地及环渤海区域相关机场航空市场战略联盟成立后，大连机场正式开展联盟空港间旅客中转业务。旅客在联盟内空港经大连机场中转至其他空港，可以实现"通程中转，行李直挂，一票到底，无缝对接"。这项业务极大地方便了旅客，给大连机场带来了不少的中转旅客。2010 年上半年，大连机场至盟内空港出港旅客吞吐量实现 29 万人次，同比增长 55%。在 2012 年 5 月 24 日召开的第六届东北腹地及环渤海区域相关空港航空市场战略联盟会期间，航空公司和成员空港共达成了 170 多条航线的意向。其中，大连就达成了包括国际航线和支线航线在内的近 40 条航线的意向。

像大连这样正在向枢纽迈进的空港来说，中转服务品质的提升和航线网络布局的优化是非常有意义的。空港联盟不仅促使大型空港开通了更多航线，也帮助中小空港开拓市场。联盟内一些干线或支线空港若不利用大连机场，很难直飞国际航线。结盟后，空港联盟和航空公司洽谈，将大连—大阪航线延伸到长春，变成了长春—大连—大阪航线。支线空港发展也是同样的道理，通过与大型空港合作，可以有效培养市场，开辟更多航线。

(3) 增加对市场的话语权。从国内目前的情况看，支线空港与干线空港之间结盟有充分的动力。干线空港需要建设枢纽，希望能获得更多的中转旅客，而支线空港需要开辟航线，带动其发展。二者联合起来与航空公司、政府进行沟通，增加了空港特别是支线空港的话语权，这样支线空港航线开辟相对容易，而干线空港也可从中受益。

2. 空港联盟的缺点

(1) 排挤其他空港，形成市场垄断。空港企业通过联盟与其他空港实现资源共享，大大降低了成本，加强了市场的掌控能力，同时排挤了其他一些处于不利竞争地位的空港，形成了市场垄断。由于市场缺乏竞争，空港联盟可能会不考虑市场的实际状况，自行制定统一的价格标准，造成价格垄断；或者对本联盟系统内的航空公司实行优惠价格，而对外部的航空公司收取较高的费用，造成不公平竞争。

(2) 航空公司选择权被剥夺。航空公司作为客户，失去了选择的权利，他们只能接受空港联盟设定的价格。在一些航空公司联盟成员得到空港联盟"统一标准"服务的同时，另一些非联盟或者实力较弱的航空公司则享受不到应有的服务。此外，值得注意的是，有些空港在运营上受"大空港"思路的影响，导致过多地引进不必要的高技术基础设施，从而增加了航空公司的机场使用费。

按照国内目前的发展趋势，将来会有越来越多空港建立合作关系，但空港联盟对参与联盟空港未来发展的影响以及空港联盟对整个民航业发展的影响还需要进一步研究。

7.2 复杂网络上的博弈动力学简介

网络是由节点和连线组成的。网络是一个由点集 $V(G)$ 和边集 $E(G)$ 组成的图，$G=(V,E)$。$E(G)$ 的每条边都有 $V(G)$ 的一对点 (i,j) 与之对应，记定点数 $N=|V|$，边数 $\varepsilon=|E|$。

7.2.1 复杂网络简介

1. 典型复杂网络

1）规则网络

规则网络是指系统各元素之间的关系可以用一些规则的结构来表示，也就是说网络中任意两个节点之间的联系遵循既定的规则。但是对于大规模网络而言，由于其复杂性并不能完全用规则网络来表示[132]。

2）ER 随机网络

为了更好地描述事件的复杂性，20 世纪 50 年代末，Erdos 和 Renyi 提出了一种完全随机的网络模型——随机网络（ER 随机网络）[133]，它指在由 N 个节点构成的图中以概率 p 随机连接任意两个节点而成的网络，即两个节点之间连边与否不再是确定的事，而是由概率 p 决定。或简单地说，在由 N 个节点构成的图中，可以存在边，从中随机连接 M 条边所构成的网络就称为随机网络。

随机网络和规则网络是两种极端的情况，而现实中大部分网络都是介于两者之间的。

3）小世界网络

1998 年，Watts 和 Strogatz[134]提出了 WS 网络模型，通过以概率 p 切断规则网络中原始的边并选择新的端点重新连接构造出一种介于规则网络和随机网络之间的网络——小世界网络（small-world networks）。显然，当 $p=0$ 时，相当于各边未动，还是规则网络；当 $p=1$ 时就成了随机网络。小世界网络节点的度分布（degree distribution）服从指数分布。

4）BA 网络

1999 年，Barabasi 和 Albert[135]提出了 BA 网络模型，在网络的构造中引入了增长性和择优连接性：增长性指网络中不断有新的节点加入进来；择优连接性则指新的节点进来后优先选择网络中度数大的节点进行连接。BA 网络是无标度网络（scale-free networks）模型，其节点度服从幂律分布。无标度网络（或称无尺度网络）是带有一类特性的复杂网络，其典型特征是在网络中的大部分节点只和很少节点连接，而有极少的节点与非常多的节点连接。

2. 复杂网络的主要特征

根据参考文献[133]，复杂网络的主要特征如下。
1）平均路径长度
在网络中，两点之间的距离为连接两点的最短路径上所包含的边的数目。网络的平均路径长度指网络中所有节点对的平均距离，它表明网络中节点间的分离程度，反映了网络的全局特性。
2）聚集系数
在网络中，节点的聚集系数是指与该节点相邻的所有节点之间连边的数目占这些相邻节点之间最大可能连边数目的比例。而网络的聚集系数则是指网络中所有节点聚集系数的平均值，它表明网络中节点的聚集情况即网络的聚集性，也就是说同一个节点的两个相邻节点仍然是相邻节点的概率有多大，它反映了网络的局部特性。
3）度及度分布
在网络中，节点的度是指与该节点相邻的节点的数目，即连接该节点的边的数目。而网络的度 $<k>$ 指网络中所有节点度的平均值。度分布 $P(k)$ 指网络中一个任意选择的节点，它的度恰好为 k 的概率。
4）介数
介数包括节点介数和边介数。节点介数指网络中所有最短路径中经过该节点的数量比例；边介数则指网络中所有最短路径中经过该边的数量比例。介数反映了相应的节点或边在整个网络中的作用和影响力。

7.2.2 网络结构对博弈的影响

1. 囚徒困境博弈

囚徒困境博弈模型中，每个个体都有一半的机会选择背叛策略或者合作策略。若两个个体都合作，那么每个个体得到的收益为 R；若两个个体都采取背叛策略，那么每个个体收益为 P；若一方采取合作策略，另一方采取背叛策略，则合作者收益为 S，背叛者收益为 T，且收益之间的关系满足 $T>R>P>S$ 和 $P+R>T+S$。

囚徒困境博弈模型认为每个博弈者（即"囚徒"）都寻求自身利益的最大化，每个博弈者都会选择能达到收益最大的策略——背叛策略[136]。

2. 网络结构对博弈模型的影响

本部分以囚徒困境博弈模型为例，分析网络结构对博弈模型的影响。

1）规则网络

在规则网络上，认为每个博弈个体与它的邻居进行博弈，并累计总收益。每轮博弈结束后，把博弈个体的本轮总收益与其所有邻居的收益相比较，取收益最高的邻居策略作为下一轮博弈的策略[137]。令囚徒困境博弈中参数 $T=b>1$，$R=1$，$P=S=0$。证实当 b 在 $1 \leqslant b \leqslant 2$ 范围内波动时，采取合作策略的博弈者之间形成紧密的簇来抵御选择背叛策略的入侵者。这种合作簇不会消失，但会受时间的影响而改变形状，并且网络中合作者的比例会趋于稳定。

2）小世界网络

Szabo 和 Toke 对均匀小世界网络和随机均匀网络在保持度分布相同的前提下进行了研究[138]。采用一种随机演化策略：一个博弈者以一定概率随机选取它的一个邻居的策略作为下一轮博弈的策略。结果表明，相比于规则网络，小世界网络更能够促进合作的涌现。

3）无标度网络

对合作涌现的作用，认为由于无标度网络中节点之间的度存在极大的差异，合作行为容易在大度节点之间传播，进而带动了大量小度节点成为合作者。因此相比其他网络，合作更容易在无标度网络中传播。也就是说，无标度网络是目前最有利于合作涌现的网络结构[139]。

7.3 决策算法

7.3.1 假设条件

为了将空港抽象成复杂网络以及更好地应用小世界网络上的博弈动力学，依据现有文献[62]，提出如下假设。

H7.1：区域内的空港只有两种策略：联盟与不联盟（背叛）。

H7.2：空港可以在第 t 个迭代周期过后更改自己的策略，即存在 $St(t+1) \neq St(t)$，St 是空港所采取的策略。

H7.3：忽略空港的实际距离，假定空港博弈发生在一个足够大的区域内。

7.3.2 空港博弈前初始收益指标体系

因为空港的实际发展情况不同,所以在联盟中空港得到的收益也是不同的,根据科学性和可量化性的原理,依据空港的实际情况和现有文献[16,78],本书认为收益和区域发展、生产要素、需求状况、支撑产业和环境影响相关,由此建立的博弈前初始收益的指标集如表 7.1 所示。

表 7.1 空港博弈前初始收益的指标集

一级指标	二级指标	三级指标
空港博弈效益指标	区域发展	GDP（亿元）
		第三产业产值（亿元）
		高等学校毕业生数（万人）
	生产要素	飞行区等级 1)
		主营业务收入（万元）
		资产回报率
		货邮吞吐量（万吨）
		旅客吞吐量（万人次）
	需求状况	城市居民交通支出（元）2)
		服务半径（万人）3)
		城市固定资产投资额（亿元）
	支撑产业	公路、铁路和水路总客运量(万人次)
		公路、铁路和水路总货运量（万吨）
		旅游总收入（亿元）
	环境影响	噪声等级 4)
		万元营业收入耗电量（千瓦·时）

1) 飞行区等级是表示飞行区设施的规模和水平的一种方法,划定飞行区等级的依据是飞行区设施所能适应吨位最大的航空器。目前我国各大空港的等级为 4F、4E.60、4E.45、4D、4C 等几个级别,对应的可量化等级为 5、4.5、4、3、2 等[78]。

2) 城市居民交通支出是城市居民消费支出中交通部分的支出,此指标在一定程度上可以衡量空港所在城市的居民在航空运输上的支出[78]。

3) 服务半径指标依据中国民用航空局对空港服务半径的定义:"地面交通 100 千米或 1.5 小时车程为空港服务半径指标",为了方便量化,本书选取"距离空港 100 千米"内的直辖市以及地级市人数作为空港的服务半径[78]。此指标可以衡量空港所在区域内航空运输的潜在需求量。

4) 噪声有四个等级:严重、较严重、一般和轻微,其量化等级分别为 4、3、2 和 1[78]。

7.3.3 空港联盟决策博弈算法

1. 复杂网络简介

复杂网络是一个由点集 $V(G)$ 和边集 $E(G)$ 组成的图，$G=(V,E)$。$E(G)$ 的每条边都有 $V(G)$ 的一对点 (i,j) 与之对应，记定点数 $N=|V|$，边数 $\varepsilon=|E|$，如果 (i,j) 与 (j,i) 对应同一条边，则称 G 为无向网络。

本书将空港网络抽象成一个无向网络：节点，即参与博弈的空港；边，即空港之间的航线；邻居节点，即与本空港有直航航线连接的空港；节点的度，即本空港与其他空港的连接直航航线数，并且每个节点都只与自己的邻居节点发生交互。

2. 空港联盟博弈基本描述

假设某一区域内的空港只有两种策略：联盟与不联盟（背叛）。

为了解释的需要，我们首先假定同一区域内两个空港的囚徒博弈，将空港记为 A 和 B，其收益矩阵如表 7.2 所示。

表 7.2　囚徒困境下空港博弈基本收益矩阵

B \ A	联盟	不联盟
联盟	R_A, R_B	T, S
不联盟	S, T	P_A, P_B

其中，$T>R_i>P_i>S$（$i=\text{A, B}$）。P 为双方不联盟情况下独立发展的收益，而 S 为不联盟空港独立发展收益减去不参与联盟带来的惩罚成本，所以 $P>S$。

3. 复杂网络的选取

常见的复杂网络有规则网络、随机网络、小世界网络、BA 网络等，博弈动力学在不同类型的复杂网络上有不同的形式，所以也有不同的应用领域。

Guimera 等[140]研究了 2002 年全球航空网络，得到两个结论：①世界航空网络是一个小世界网络，度和介数（即网络中所有最短航线中经过该空港的航线数目占最短航线总数的比例）分布呈现幂律下降；②节点度大的空港不一定就是枢纽空港（介数最大的）。Li 和 Cai[141]研究了中国和美国的空港网络的拓扑结构特征，认为空港网络是一个小世界网络：把某航线每天或每周的航班看作边权，则它的分布也呈幂律分布，而且边权大小与航线两端空港的度（空港的航线数）成比例。此后，Bagler[142]应用类似方法研究了印度国内的空港网络，得出了类似中国空港网络的结论。

基于以上结论，本书采用小世界网络研究空港联盟决策的博弈行为。

4. 空港联盟决策算法

本书在传统小世界网络博弈动力学基础上进行了修正，使之更加贴近于空港实际情况。根据文献[143]的研究，本书认为空港 i 的总收入是空港自身收益与其邻居空港博弈收益的线性组合，

$$U_i = S_i + hK_i$$

式中，S_i 为其实际的收益；K_i 为空港 i 与其所有邻居空港博弈得到的收益之和；$h(0 \leq h \leq 1)$ 为空港 i 对与其邻居空港博弈收益的重视程度。

基于文献[78,144,145]，本书提出空港联盟决策算法，计算步骤如下。

（1）将各年度指标值按顺序排列，构成决策矩阵 A

$$A = \begin{pmatrix} y_{11} & y_{12} & \cdots & y_{1n} \\ y_{21} & y_{22} & \cdots & y_{2n} \\ \vdots & \vdots & & \vdots \\ y_{m1} & y_{m2} & \cdots & y_{mn} \end{pmatrix}$$

其中，y_{ij} 为空港 i 的第 j 个指标值，$i=1,2,\cdots,m$，$j=1,2,\cdots,n$。

（2）数据归一化。若指标为效益性指标，则

$$x_{ij} = \frac{y_{ij}}{\sum_{j=1}^{n} y_{ij}}$$

若指标为成本性指标，则将指标值倒数后再运用此公式。

（3）计算指标值的熵值

$$e_i = -\frac{1}{\ln n} \sum_{j=1}^{n} x_{ij} \ln x_{ij}$$

（4）计算差异系数。指标的差异越大，对方案评价的作用就越大，熵值就越小，指标的权重系数越大。反之，指标的差异越小，对方案评价的作用就越小，熵值就越大，指标的权重系数越小。

差异系数计算公式为

$$g_i = 1 - e_i$$

（5）运用熵值法对指标赋权，指标的权重矩阵 $B = (b_i)_{m \times 1}$

$$b_i = \frac{g_i}{\sum_{i=1}^{m} g_i}$$

（6）构建规范矩阵 V

$$V = \begin{pmatrix} v_{11} & v_{12} & \cdots & v_{1n} \\ v_{21} & v_{22} & \cdots & v_{2n} \\ \vdots & \vdots & & \vdots \\ v_{m1} & v_{m2} & \cdots & v_{mn} \end{pmatrix}$$

其中，$v_{ij} = \dfrac{y_{ij}}{\sqrt{\sum_{i=1}^{m} y_{ij}^2}}$，$i=1,2,\cdots,m$，$j=1,2,\cdots,n$。

若指标为成本性指标，则将指标值倒数后再运用此公式。

（7）构建加权标准化矩阵 Z

$$z_{ij} = b_i \times v_{ij}$$

（8）确定正理想解与负理想解

$$Z^* = (Z_1^*, Z_2^*, \cdots, Z_n^*)$$
$$Z^- = (Z_1^-, Z_2^-, \cdots, Z_n^-)$$

其中，$Z_j^* = \max(z_{1j}, z_{2j}, \cdots, z_{mj})$，$Z_j^- = \min(z_{1j}, z_{2j}, \cdots, z_{mj})$。

（9）计算各年度指标值与正理想解和负理想解的距离

$$S_i^* = \sqrt{\sum_{j=1}^{n}(z_{ij} - Z_i^*)^2}$$

$$S_i^- = \sqrt{\sum_{j=1}^{n}(z_{ij} - Z_i^-)^2}$$

（10）计算各年度指标与理想解的相对接近度

$$R_i = \frac{S_i^-}{S_i^- + S_i^*}$$

R_i 为空港 i 博弈前由区域发展、生产要素、需求状况、支撑产业和环境影响所决定的初始收益。

（11）根据 R 计算 P、T、S。令 $P_i = \lambda_1 \times R_i$，$T = \lambda_2 \times \max(P_i)$，$S = \lambda_3 \times \min(P_i)$，$0 < \lambda_1 < 1$，$\lambda_2 > 1$，$0 < \lambda_3 < 1$。

（12）收益计算。假设每个空港都与其所有邻居空港相互作用，在 t 时刻，对于空港 i，假设其有 $\rho_i(t)$ 个参与联盟的邻居空港，则不参与联盟的邻居空港个数为 $k_i - \rho_i(t)$，如果空港 i 选择联盟策略，则收益为 $R_i\rho_i(t) + S(k_i - \rho_i(t))$，从它的邻居可以获取的收益为 $R_i\rho_i(t) + T(k_i - \rho_i(t))$，所以 t 时刻，空港 i 的收益为

$$U_i(t) = [R_i\rho_i(t) + S(k_i - \rho_i(t))] + h[R_i\rho_i(t) + T(k_i - \rho_i(t))]$$

同理，如果空港 i 选择不联盟策略，其收益为

$$U_i'(t) = [T\rho_i(t) + P_i(k_i - \rho_i(t))] + h[S\rho_i(t) + P_i(k_i - \rho_i(t))]$$

(13) 策略更新公式。如果在 t 时刻空港 i 选择联盟策略且 $U_i'(t) > U_i(t)$，空港 i 将会有从联盟状态转向不联盟状态的趋势，其概率为

$$p_i(t) = \frac{U_i'(t) - U_i(t)}{k_i T(1+h)}$$

如果此概率大于设定的阈值 θ，则在 $t+1$ 时刻空港 i 会转向采取不联盟策略；反之，则仍采取联盟策略。

如果在 t 时刻空港 i 选择不联盟策略且 $U_i'(t) < U_i(t)$，空港 i 将会有从不联盟状态转向联盟状态的趋势，其概率为

$$p_i'(t) = \frac{U_i(t) - U_i'(t)}{k_i T(1+h)}$$

如果此概率大于设定的阈值 θ，则在 $t+1$ 时刻空港 i 会转向采取联盟策略；反之，则仍采取不联盟策略。

(14) 下一时刻空港 i 所采取的策略分析。假设在 t 时刻空港 i 采取联盟策略的概率为 $\alpha_i(t)$，采取不联盟策略的概率为 $1-\alpha_i(t)$。则在 $t+1$ 时刻，空港 i 采取联盟策略的概率为

$$\alpha_i(t+1) = \alpha_i(t)(1-p_i'(t)) + (1-\alpha_i(t))p_i(t)$$

即当 $p_i'(t) \geqslant 0$ 时，

$$\alpha_i(t+1) = \alpha_i(t)(1-p_i'(t))。$$

当 $p_i(t) \geqslant 0$ 时，

$$\alpha_i(t+1) = (1-\alpha_i(t))p_i(t)。$$

(15) 重复步骤（12）～（14），进行网络博弈，直到网络稳定。

7.4 例证研究

本书选取广州、上海（浦东国际机场）、深圳、厦门、北京（首都国际机场）、海口、济南、杭州、重庆、乌鲁木齐、西安、大连、武汉、沈阳、哈尔滨、三亚、太原、郑州、青岛、昆明、成都、天津、南京、宁波、长沙等 25 个大城市的空港 2010 年的数据作为基本数据，进行实证研究。其中，服务半径数据根据定义计算得到，上市空港（北京、上海、深圳、广州、厦门、海口）的主营业务收入与资产回报率来自上市公司年报，其他空港的主营业务收入和资产回报率来自研究报告和网络数据，噪声等级的划分见文献[78]，各空港耗电量数据来自研究报告，其他指标数据来自各城市统计年鉴。

将这 25 个空港组成的空港网络抽象成一个无向网络：空港抽象成网络的节点，将空港之间的直航航线抽象成网络的边，与空港 i 有直航航线连接的空港定义为

空港 i 的邻居节点，空港 i 与其邻居节点的连接航线数定义为空港 i 的度，并且每个节点都只和邻居节点发生交互。

7.4.1 空港博弈前的初始收益

将阈值 θ 设定为 0.6，根据计算步骤（1）～（10），计算出空港博弈前的初始收益，如表 7.3 所示。

表 7.3 运用熵值 TOPSIS 计算的空港博弈前的初始收益

空港	广州	上海	深圳	厦门	北京	海口	济南	杭州	重庆
收益	0.4786	0.6591	0.4484	0.1911	0.5965	0.1791	0.2029	0.3971	0.1562
空港	乌鲁木齐	西安	大连	武汉	沈阳	哈尔滨	三亚	太原	郑州
收益	0.2614	0.2281	0.2941	0.223	0.19	0.1151	0.2284	0.2721	0.1327
空港	青岛	昆明	成都	天津	南京	宁波	长沙		
收益	0.2589	0.2312	0.2205	0.3358	0.3426	0.2639	0.1978		

本书利用计算的初始收益值进行空港网络的博弈动力学模拟（$h=0.5$，$\lambda_1=0.8$，$\lambda_2=1.25$，$\lambda_3=0.75$）。

7.4.2 网络稳定状态

（1）网络稳定状态。网络的稳定状态如表 7.4 所示。

表 7.4 博弈后空港网络的稳定状态

空港	广州	上海	深圳	厦门	北京	海口	济南	杭州	重庆	乌鲁木齐	西安	大连	武汉
联盟与否	0	0	0	1	0	1	1	1	0	1	1	1	1

空港	沈阳	哈尔滨	三亚	太原	郑州	青岛	昆明	成都	天津	南京	宁波	长沙
联盟与否	1	1	1	1	1	1	1	0	0	1	1	1

注：1 代表联盟；0 代表不联盟。

根据参考文献[126]，我国大型枢纽空港主要为北京首都国际机场、上海浦东国际机场、广州白云国际机场、天津滨海国际机场、深圳宝安国际机场等，从表 7.4 可以看出，它们在空港网络博弈中都选择不联盟策略。而像厦门高崎国际机场、哈尔滨太平国际机场、郑州新郑国际机场等中小机场，则采取联盟策略。

第 7 章 空港联盟决策算法研究

（2）网络达到稳定状态时，两种选择下空港的收益如表 7.5 所示。

表 7.5 空港网络处于稳定状态时各空港博弈收益

空港	广州	上海	深圳	厦门	北京	海口	济南	杭州	重庆
联盟	24.658 9	35.214 3	21.315 8	9.218 5	33.814 8	4.143 6	10.818	14.401 8	23.908 5
不联盟	24.658 9	35.214 3	21.315 8	9.218 5	33.814 8	4.143 6	10.818	14.401 8	23.908 5
空港	乌鲁木齐	西安	大连	武汉	沈阳	哈尔滨	三亚	太原	郑州
联盟	5.408 6	14.191 6	11.089 4	16.661 7	11.538 2	9.439 2	5.774	6.429 6	14.071 1
不联盟	5.408 6	14.191 6	11.089 4	16.661 7	11.538 2	9.439 2	5.774	6.429 6	14.071 1
空港	青岛	昆明	成都	天津	南京	宁波	长沙		
联盟	13.142 3	10.825	18.047 7	18.049 1	14.340 4	9.222 1	12.181		
不联盟	13.142 3	10.825	18.047 7	18.049 1	14.340 4	9.222 1	12.181		

从表 7.5 可以看出，在网络稳定状态，空港选择联盟时的收益和选择不联盟时的收益是相等的。

7.4.3 空港的最终选择与初始选择之间的关系

为了分析空港的最终选择与初始选择的关系，本书假定以下三种情况：①博弈初始状态时所有空港都选择不联盟；②博弈初始状态时所有空港都选择联盟；③博弈初始状态时选择联盟的空港数量是随机的。在这三种情况下，空港的最终选择情况见图 7.1～图 7.3。

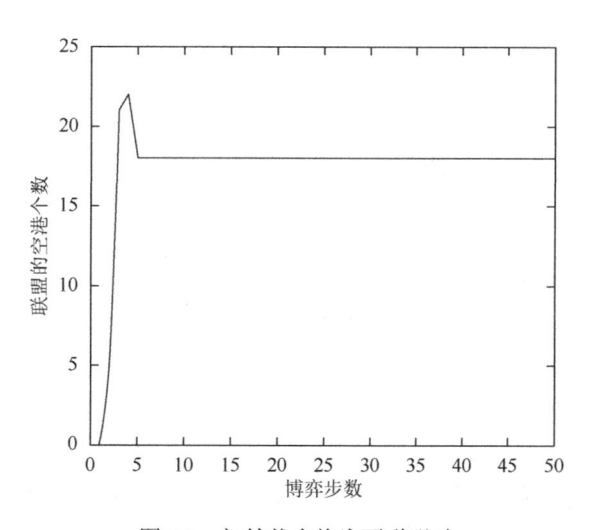

图 7.1 初始状态均为不联盟时

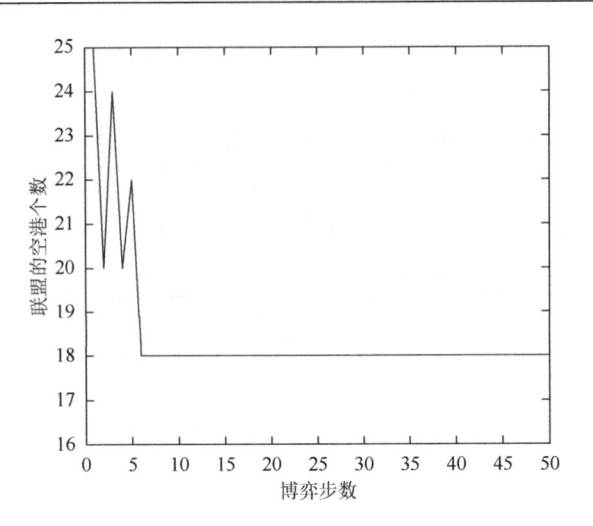

图 7.2　初始状态均为联盟时

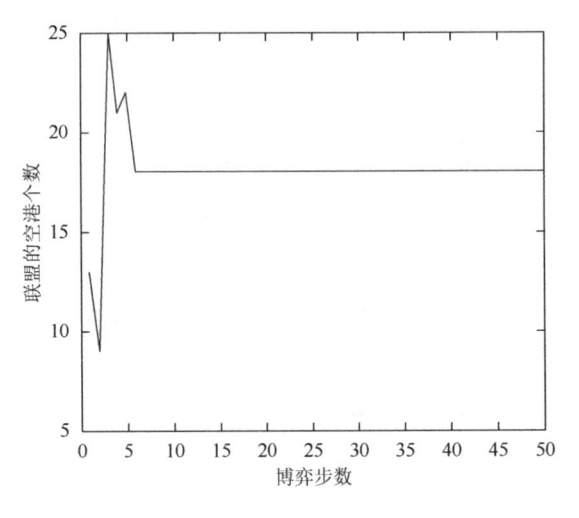

图 7.3　初始状态均为随机时

从图 7.1~图 7.3 可以看出，不管各空港初始选择是什么，在稳定状态时，空港网络中联盟的空港数都为 18，且网络中每个空港的选择是相同的。

综合以上叙述，得出如下三个结论。

结论 1：相比于大空港，中小空港联盟积极性更高。

结论 2：各空港进行联盟博弈达到平衡点时，联盟收益等于不联盟收益。

结论 3：各空港最后的联盟决策与初始状态的选择无关。

通过以上结论可知，虽然空港只关心自己的收益状况，但是其策略在很大程度上由与它的邻居空港的博弈收益决定。在选取的 25 个空港中，北京、上海、广州、天津和深圳等国际枢纽空港和大型区域性枢纽空港都选择不联盟策略，且在空港网络博弈稳定后的收益计算中，这些空港的博弈收益仍然是最高的。而一些区域性枢纽空港、区域干线空港及支线空港都选择联盟策略，这说明相比于大空港，中小空港的联盟积极性更高。虽然选择联盟，但是在相互之间的博弈中，仍处于不利位置。这说明空港联盟只能解决一时的问题，空港自身的竞争力仍是主导空港未来发展的根本性因素。

7.5 本章小结

（1）本书认为各空港在博弈前的静态收益不是相等的，而是由区域发展、生产要素、需求状况、支撑产业和环境影响五方面来决定的差异值，在此基础上构建了空港博弈前初始收益的指标体系，使得本书更加贴近空港的实际情况。

（2）在给出基本假设的情况下，本书根据已有研究成果，将空港网络抽象成小世界网络，在原有小世界网络博弈动力学基础上进行了修正改进，并结合熵值TOPSIS算法构建了适合于空港实际的联盟决策算法，运用国内25个空港2010年的实证数据，研究了空港的联盟决策问题，填补了类似研究的空白。

（3）本书可以为空港面临联盟选择时做出自己的选择提供有意义的参考。从表7.5可以看出，即使北京、上海、广州等大空港选择不联盟，其收益仍然相对最高。中小空港参与联盟能够解决一时的问题，但是受困于资源整合难度大、效率低下等因素，并不是空港的长久之计。

空港应该把更多注意力放在提升自身竞争力上，通过优化整合内部资源、加强内部管理、增强技术创新，夯实自身实力才是重中之重。

首先，空港应加大投入，积极提高飞行区等级，进而增加客货吞吐量，提高主营业务收入和资产回报率，增强空港自身实力。

其次，空港应利用价格、效率、服务等优势积极吸引客源，增强与高铁等其他高效交通工具的竞争力，刺激服务半径内人均乘机次数和人均航空运输支出，为空港赢得稳定客源。

最后，空港所在城市应给予空港更多的支持，积极开拓思维，优化航空与其他交通运输方式的衔接，更多地着眼于打造临港经济、航空城和综合交通枢纽三位一体发展模式来解决空港发展问题。

第8章 空港联盟准入算法研究

8.1 引　　言

从对现有研究的分析可以看出，现有文献未研究联盟空港在面临入侵者时的决策行为。现有研究更多的焦点放在空港联盟的优缺点上，而没有针对联盟后的空港如何对待入侵者进行研究，且针对性的建议不足。

在已有文献的基础上，本章的基本思路为：首先给出本书的基本假设条件，兼顾科学性和可量化性，建立空港博弈收益的评价指标体系；其次将空港网络抽象成小世界网络，并结合熵值 TOPSIS 方法和小世界网络博弈动力学建立空港联盟准入算法，运用 2011 年 25 个空港的实证数据进行研究；最后依据研究结果得到相关的研究结论。

8.2　空港博弈收益指标建立

8.2.1　假设条件

为了将空港网络抽象成复杂网络及更好地应用小世界网络上的博弈动力学，依据现有文献[134]，提出如下假设。

H8.1：在未结成空港联盟前，区域内的空港只有两种策略：联盟与不联盟（背叛）。而已经联盟的空港对待联盟入侵者只有两种策略：准入与不准入。

H8.2：无论是在空港进行联盟决策时，还是在已经联盟的空港进行入侵者准入决策时，空港都可以在第 t 个迭代周期过后更改自己的策略，即存在 $St(t+1) \neq St(t)$，St 是空港所采取的策略。

8.2.2　空港博弈前初始收益指标体系

因为空港的实际发展情况不同，所以在联盟中空港得到的收益也是不同的，根据科学性和可量化性的原理，依据空港的实际情况和现有文献[135-137]，本书认为收益和区域发展、生产要素、需求状况、支撑产业和环境影响相关，由此建立的博弈前初始收益的指标集如表 8.1 所示。

表 8.1 空港博弈前初始收益的指标集

一级指标	二级指标	三级指标
空港博弈效益指标	区域发展	城市 GDP（亿元）
		第三产业产值（亿元）
		高等学校毕业生数（万人）
	生产要素	飞行区等级 [1)]
		主营业务收入（万元）
		资产回报率
		货邮吞吐量（万吨）
		旅客吞吐量（万人次）
	需求状况	城市居民交通支出（元）
		服务半径（万人）[2)]
		城市固定资产投资额（亿元）
	支撑产业	公路、铁路和水路总客运量（万人次）
		公路、铁路和水路总货运量（万吨）
		旅游总收入（亿元）
	环境影响	噪声等级 [3)]
		万元营业收入耗电量（千瓦·时）

1) 飞行区等级是表示飞行区设施的规模和水平的一种方法，划定飞行区等级的依据是飞行区设施所能适应吨位最大的航空器。目前我国各大空港的等级为 4F、4E.60、4E·45、4D、4C 等几个级别，对应的可量化等级为 5、4.5、4、3、2 等[78]。

2) 服务半径指标依据中国民用航空局对空港服务半径的定义："地面交通 100 千米或 1.5 小时车程为空港服务半径指标"，为了方便量化，本书选取 "距离空港 100 千米" 内的直辖市以及地级市人数作为空港的服务半径[78]。此指标可以衡量空港所在区域内航空运输的潜在需求量。

3) 噪声有四个等级：严重、较严重、一般和轻微，其量化等级分别为 4、3、2 和 1[78]。

8.3 空港联盟准入算法

8.3.1 复杂网络简介

复杂网络是一个由点集 $V(G)$ 和边集 $E(G)$ 组成的图，$G=(V,E)$。$E(G)$ 的每条边都有 $V(G)$ 的一对点 (i,j) 与之对应，记定点数 $N=|V|$，边数 $\varepsilon=|E|$，如果 (i,j) 与 (j,i) 对应同一条边，则称 G 为无向网络。

本书将空港网络抽象成一个无向网络。节点：参与博弈的空港；边：空港之间的航线；邻居节点：与本空港有直航航线连接的空港；节点的度：本空港与其他空港的连接直航航线数，并且每个节点都只与自己的邻居节点发生交互。

8.3.2 博弈收益矩阵

在研究空港联盟准入问题前,首先要研究现有空港面临联盟时的决策问题。假设某一区域内的空港在选择联盟与否时只有两种策略:联盟与不联盟(背叛)。为了解释的需要,我们首先假定同一区域内两个空港的囚徒博弈,将空港记为A和B,其收益矩阵如表8.2所示。

假设已经联盟的空港对待联盟入侵者只有两种策略:准入与不准入。假定同一区域内两个空港的囚徒博弈,将空港记为A和C,其中A为已经参与联盟的空港,C为A所在联盟的入侵者,其收益矩阵如表8.3所示。

表 8.2 空港博弈基本收益矩阵

A, C	准入	不准入
准入	inR_A, inR_C	—
不准入	—	$outR_A, outR_C$

表 8.3 已联盟空港与入侵空港的博弈收益矩阵

A, B	联盟	不联盟
联盟	R_A, R_B	T, S
不联盟	S, T	P_A, P_B

在表8.2中,$T > R_i > P_i > S$($i = A, B$)。P为双方不联盟情况下独立发展的收益,而S为不联盟空港独立发展收益减去不参与联盟带来的惩罚成本,所以$P > S$。

在表8.3中,inR_A为空港C进入联盟后空港A的收益;inR_C为空港C进入联盟后空港C的收益;$outR_A$为空港C未能进入联盟时空港A的收益;$outR_C$为空港C未能进入联盟时空港C的收益。其中,对于空港C,$inR_C > outR_C$。

常见的复杂网络有规则网络和随机网络、小世界网络、BA网络等,博弈[138,139]在不同类型的复杂网络上有不同的形式,所以也有不同的应用领域。

Guimera 等[140]研究了2002年全球航空网络,得到两个结论:①世界航空网络是一个小世界网络,度和介数(即网络中所有最短航线中经过该空港的航线数目占最短航线总数的比例)分布呈现幂律下降;②节点度大的空港不一定就是枢纽空港(介数最大的)。Li 和 Cai[141]研究了中国和美国的空港网络的拓扑结构特征,认为空港网络是一个小世界网络:把某航线每天或每周的航班看作边权,则它的分布也呈幂律分布,而且边权大小与航线两端空港的度(空港的航线数)成比例。此后 Bagler[142]应用类似方法研究了印度国内的空港网络，得出了类似中国空港网络的结论。

故本书采用小世界网络研究空港联盟准入的博弈行为。

8.3.3 准入算法

本书在传统小世界网络博弈动力学基础上进行了修正，使之更加贴近空港实际情况。根据文献[134]的研究，本书认为空港 i 的总收入是空港自身收益与邻居空港博弈收益的线性组合，

$$U_i = S_i + hK_i$$

其中，S_i 为其自身的收益；K_i 为空港 i 从与所有邻居空港的博弈中得到的收益之和；$h(0 \leq h \leq 1)$ 为系数，它代表空港 i 对与它的邻居空港博弈收益的重视程度。

基于文献[135, 144, 145]，本书提出空港联盟准入算法，计算步骤如下。

（1）将各空港指标值按时间顺序排列，构成决策矩阵 A

$$A = \begin{pmatrix} y_{11} & y_{12} & \cdots & y_{1n} \\ y_{21} & y_{22} & \cdots & y_{2n} \\ \vdots & \vdots & & \vdots \\ y_{m1} & y_{m2} & \cdots & y_{mn} \end{pmatrix}$$

其中，y_{ij} 为空港 i 的第 j 个指标值，$i = 1, 2, \cdots, m$，$j = 1, 2, \cdots, n$。

（2）数据归一化。若指标为效益性指标，则

$$x_{ij} = \frac{y_{ij}}{\sum_{j=1}^{n} y_{ij}}$$

若指标为成本性指标，则将指标值倒数后再运用此公式。

（3）计算指标值的熵值

$$e_i = -\frac{1}{\ln n} \sum_{j=1}^{n} x_{ij} \ln x_{ij}$$

（4）计算差异系数。指标的差异越大，对方案评价的作用就越大，熵值就越小，指标的权重系数越大。反之，指标的差异越小，对方案评价的作用就越小，熵值就越大，指标的权重系数越小。

差异系数计算公式为

$$g_i = 1 - e_i$$

（5）运用熵值法对指标赋权，指标的权重矩阵 $B = (b_i)_{m \times 1}$

$$b_i = \frac{g_i}{\sum_{i=1}^{m} g_i}$$

（6）构建规范矩阵 V

$$V = \begin{pmatrix} v_{11} & v_{12} & \cdots & v_{1n} \\ v_{21} & v_{22} & \cdots & v_{2n} \\ \vdots & \vdots & & \vdots \\ v_{m1} & v_{m2} & \cdots & v_{mn} \end{pmatrix}$$

其中，$v_{ij} = \dfrac{y_{ij}}{\sqrt{\sum\limits_{i=1}^{m} y_{ij}^2}}$，$i=1,2,\cdots,m$，$j=1,2,\cdots,n$。

若指标为成本性指标，则将指标值倒数后再运用此公式。

（7）构建加权标准化矩阵 Z

$$z_{ij} = b_i \times v_{ij}$$

（8）确定正理想解与负理想解

$$Z^* = (Z_1^*, Z_2^*, \cdots, Z_n^*)$$
$$Z^- = (Z_1^-, Z_2^-, \cdots, Z_n^-)$$

其中，$Z_j^* = \max(z_{1j}, z_{2j}, \cdots, z_{mj})$，$Z_j^- = \min(z_{1j}, z_{2j}, \cdots, z_{mj})$。

（9）计算各年度指标值与正理想解和负理想解的距离

$$S_i^* = \sqrt{\sum_{j=1}^{n} (z_{ij} - Z_i^*)^2}$$

$$S_i^- = \sqrt{\sum_{j=1}^{n} (z_{ij} - Z_i^-)^2}$$

其中，$i = 1, 2, \cdots, m$。

（10）计算各年度指标与理想解的相对接近度

$$R_i = \dfrac{S_i^-}{S_i^- + S_i^*}$$

R_i 为空港 i 未进入博弈前由区域发展、生产要素、需求状况、支撑产业和环境影响所决定的初始收益。

（11）根据 R 计算 P、T、S。令 $P_i = \lambda_1 \times R_i$，$T = \lambda_2 \times \max(P_i)$，$S = \lambda_3 \times \min(P_i)$，$0 < \lambda_1 < 1$，$\lambda_2 > 1$，$0 < \lambda_3 < 1$。

（12）收益计算。假设每个空港都与其所有邻居空港相互作用，在 t 时刻，对于空港 i，假设其有 $\rho_i(t)$ 个参与联盟的邻居空港，则不参与联盟的邻居空港个数为 $k_i - \rho_i(t)$，如果空港 i 选择联盟策略，则收益为 $R_i\rho_i(t) + S(k_i - \rho_i(t))$，从它的邻居可以获取的收益为 $R_i\rho_i(t) + T(k_i - \rho_i(t))$，所以 t 时刻，空港 i 的收益为

$$U_i(t) = [R_i\rho_i(t) + S(k_i - \rho_i(t))] + h[R_i\rho_i(t) + T(k_i - \rho_i(t))]$$

同理，如果空港 i 选择不联盟策略，其收益为

$$U_i'(t) = [T\rho_i(t) + P_i(k_i - \rho_i(t))] + h[S\rho_i(t) + P_i(k_i - \rho_i(t))]$$

（13）联盟策略更新公式。如果在 t 时刻空港 i 选择联盟策略且不联盟收益 $U_i'(t)$ 大于联盟收益 $U_i(t)$，空港 i 将会有从联盟状态转向不联盟状态的趋势，其概率为

$$p_i(t) = \frac{U_i'(t) - U_i(t)}{k_i T(1+h)}$$

如果此概率大于设定的阈值 θ，则在 $t+1$ 时刻空港 i 会转向采取不联盟策略；反之，则仍采取联盟策略。

如果在 t 时刻空港 i 选择不联盟策略且联盟收益 $U_i(t)$ 大于不联盟收益 $U_i'(t)$，空港 i 将会有从不联盟状态转向联盟状态的趋势，其概率为

$$p_i'(t) = \frac{U_i(t) - U_i'(t)}{k_i T(1+h)}$$

如果此概率大于设定的阈值 θ，则在 $t+1$ 时刻空港 i 会转向采取联盟策略；反之，则仍采取不联盟策略。

（14）下一时刻空港 i 所采取的策略分析。假设在 t 时刻空港 i 采取联盟策略的概率为 $\alpha_i(t)$，采取不联盟策略的概率为 $1-\alpha_i(t)$。则在 $t+1$ 时刻，空港 i 采取联盟策略的概率为

$$\alpha_i(t+1) = \alpha_i(t)(1 - p_i'(t)) + (1 - \alpha_i(t))p_i(t)$$

即当 $p_i'(t) \geqslant 0$ 时，

$$\alpha_i(t+1) = \alpha_i(t)(1 - p_i'(t))。$$

当 $p_i(t) \geqslant 0$ 时，

$$\alpha_i(t+1) = (1 - \alpha_i(t))p_i(t)。$$

（15）重复步骤（12）～（14），进行网络博弈，直到网络稳定，此时选择联盟的空港数量为 $m_1(m_1 \leqslant m)$。

（16）假设此时空港联盟入侵者的数量为 M，网络稳定后，空港 $C(C=1,2,\cdots,M)$ 等待进入已形成的联盟。此时，对于与空港 C 互为邻居空港的空港（此时，如果空港 C 与空港 i 不互为邻居空港，则空港 i 的收益不发生变化）来说，其有 k_i 个邻居空港（不含 C），假设其中 $\rho_i(t)$ 个空港进入联盟，$k_i - \rho_i(t)$ 个空港未进入联盟，则如果空港 i 准许空港 C 进入联盟，在 t 时刻空港 i 的收益为

$$U_i''(t+1) = [R_i\rho_i(t) + \mathrm{in}R_i + S(k_i - \rho_i(t))] + h[R_i\rho_i(t) + \mathrm{in}R_C + T(k_i - \rho_i(t))]$$

如果空港 i 不准许空港 C 进入联盟，在 t 时刻空港 i 的收益为

$$U_i'''(t+1) = [T\rho_i(t) + \mathrm{out}R_i + P_i(k_i - \rho_i(t))] + h[S\rho_i(t) + h[S\rho_i(t) + \mathrm{out}R_C + P_i(k_i - \rho_i(t))]$$

（17）准入策略更新。如果在 t 时刻空港 i 选择准许空港 C 进入联盟且 $U_i'''(t) > U_i''(t)$，空港 i 将会有从准入转向不准入状态的趋势，其概率为

$$p_i'''(t) = \frac{U_i'''(t) - U_i''(t)}{(k_i+1)T(1+h)}$$

如果此概率大于设定的阈值 θ'，则在 $t+1$ 时刻空港 i 会转向采取不准入策略；反之，则仍采取准入策略。

如果在 t 时刻空港 i 选择准许空港 C 进入联盟且 $U_i''(t) > U_i'''(t)$，空港 i 将会有从不准入状态转向准入状态的趋势，其概率为

$$p_i''(t) = \frac{U_i''(t) - U_i'''(t)}{(k_i+1)T(1+h)}$$

如果此概率大于设定的阈值 θ'，则在 $t+1$ 时刻空港 i 会转向采取准入策略；反之，则仍采取不准入策略。

（18）空港 C 申请进入联盟的结果分析。假设在 $t+1$ 时刻，空港联盟中如果超过 2/3（含 2/3）的空港选择准入策略，则空港 C 进入联盟；否则，空港 C 不能进入联盟。

（19）重复步骤（16）~（18），直到所有 M 个申请进入的空港都尝试过为止。

8.4 例　　证

本书选取广州、上海（浦东国际机场）、深圳、厦门、北京（首都国际机场）、海口、济南、杭州、重庆、乌鲁木齐、西安、大连、武汉、沈阳、哈尔滨、三亚、太原、郑州、青岛、昆明、成都、天津、南京、宁波、长沙等 25 个城市的空港 2011 年的数据作为基本数据，进行实证研究。其中，服务半径数据根据定义计算得到，上市空港（北京、上海、深圳、广州、厦门、海口）的主营业务收入与资产回报率来自上市公司年报，其他空港的主营业务收入和资产回报率来自研究报告和网络数据，噪声等级的划分见文献[12]，各空港耗电量数据来自研究报告，其他指标数据来自各城市统计年鉴。

将这 25 个空港所组成的空港网络抽象成一个无向网络：空港抽象成网络的节点，空港之间的直航航线抽象成网络的边，与空港 i 有直航航线连接的空港定义为空港 i 的邻居节点，空港 i 与其邻居节点的连接航线数定义为空港 i 的度，并且每个节点都只与邻居节点发生交互。

将阈值 θ 和阈值 θ' 设定为 0.6，根据计算步骤（1）~（10），计算出空港博弈前的初始收益如表 8.4 所示。

表 8.4　运用熵值 TOPSIS 计算的空港博弈前的初始收益

空港	广州	上海	深圳	厦门	北京	海口	济南	杭州	大连	武汉
收益	0.484 3	0.633 8	0.492 9	0.197 9	0.579	0.198 1	0.204	0.267 5	0.228 9	0.293 1

续表

空港	沈阳	哈尔滨	三亚	太原	郑州	青岛	天津	南京	宁波	长沙
收益	0.230 2	0.187 8	0.114 6	0.130 6	0.256 4	0.228	0.351 2	0.265 8	0.206 4	0.225 7

本书利用计算的初始收益值进行空港网络的博弈动力学模拟（$h=0.5$，$\lambda_1=0.8$，$\lambda_2=1.25$，$\lambda_3=0.75$）

1. 网络稳定状态

网络的稳定状态如表 8.5 所示。

表 8.5 博弈后由中东部空港组成的网络的稳定状态

空港	广州	上海	深圳	厦门	北京	海口	济南	杭州	大连	武汉
联盟与否	0	0	0	1	0	1	1	1	1	1
空港	沈阳	哈尔滨	三亚	太原	郑州	青岛	天津	南京	宁波	长沙
联盟与否	1	1	1	1	1	1	0	1	1	1

注：1 代表联盟；0 代表不联盟

根据参考文献[146]，我国大型枢纽空港主要为北京首都国际机场、上海浦东国际机场、广州白云国际机场、天津滨海国际机场、深圳宝安国际机场等，从表 8.5 可以看出，它们在空港网络博弈中都选择不联盟策略。而像厦门高崎国际机场、哈尔滨太平国际机场、郑州新郑国际机场等中小机场，则采取联盟策略。

2. 空港联盟入侵者博弈前的初始收益

根据表 8.6，在我国西部 5 个空港中，重庆江北国际机场与成都双流国际机场属于相对的大空港，而乌鲁木齐地窝堡国际机场、西安咸阳国际机场和昆明长水国际机场属于相对的中小空港，这一点与参考文献[147]的结论是一致的。

表 8.6 空港联盟入侵者博弈前的初始收益

空港	重庆	乌鲁木齐	西安	昆明	成都
收益	0.389 6	0.150 37	0.251 3	0.212 4	0.329 6

3. 空港联盟对联盟入侵者的准入状况

对于已经加入联盟的空港 i，定义 $\text{in}R_i=R_i$，$\text{out}R_i=0.8\times R_i$；对于申请加入空港联盟的空港 C 来说，定义 $\text{in}R_C=R_C$，$\text{out}R_C=0.8\times R_C$。为了避免准入顺序对

结果的影响，按 5 个空港组成的 120 组顺序进行试验，得到的结果如表 8.7 所示。

表 8.7　空港联盟对空港入侵者的准入状况（总次数为 120 次）

空港	准入次数	不准入次数
重庆	24	96
乌鲁木齐	114	6
西安	112	8
昆明	113	7
成都	24	96

需要指出的是，空港联盟准许重庆空港进入联盟的 24 种情况为：重庆空港紧随成都空港之后申请进入联盟且在成都空港被拒绝时，空港联盟会准入重庆空港进入联盟。而空港联盟准许成都空港进入联盟的 24 种情况为：成都空港紧随重庆空港之后申请进入联盟且重庆空港被拒绝时，空港联盟会准入成都空港进入联盟。

综合以上叙述，得出如下三个结论。

结论 1：相比于大空港，中小空港联盟积极性更高。

结论 2：相比于申请进入联盟的大空港，现有空港联盟更加欢迎申请进入联盟的中小空港。

结论 3：当连续两个大空港申请进入联盟时且第一个被拒绝时，第二个大空港进入联盟的概率非常大。

8.5　本章小结

将小世界网络博弈动力学算法运用到空港联盟准入问题的研究中，并对小世界网络博弈动力学算法进行了修正以更加贴近空港实际，结合熵值 TOPSIS 算法提出了空港联盟准入算法，填补了类似研究的空白。

在本书构建的空港博弈前初始收益评价指标体系中，充分考虑了区域发展、生产要素、需求状况、支撑产业和环境影响五个主要方面的可量化指标，既包含宏观指标，也包含微观指标。并利用我国 25 个空港 2011 年的实证数据来研究空港联盟的准入问题，为合理研究我国空港联盟的准入问题提供了实证支撑，其适用性得到了验证。

第9章 空港联盟退出算法研究

9.1 引　言

从对现有研究的分析可以看出，现有文献未研究参加联盟空港的退出机制。现有研究更多的焦点放在空港联盟的优缺点上，而没有针对联盟后的空港是否会及如何退出联盟进行研究，针对性的建议不足。基于此，本书运用演化博弈的方法对空港在联盟中的退出问题进行研究，重点分析空港在什么情况下会退出联盟及影响空港退出联盟的因素有哪些。

本书拟从开辟新航线或者增加航班、国际航线合作、空港之间的竞争、空港之间的信任及联盟成本等五方面分析空港参与联盟后的联盟收益，并构建指标体系分析空港在不联盟情况下的实际收益，将两者做比较来分析联盟对空港收益的提升作用到底有多大，并进行实证验证，以期为空港管理者提供有价值的参考。

9.2 空港联盟决策

9.2.1 假设条件

为了将空港网络抽象成复杂网络及更好地应用小世界网络上的博弈动力学，依据现有文献[143]，提出如下假设。

H9.1：在未结成空港联盟前，区域内的空港只有两种策略：联盟与不联盟（背叛）。

H9.2：在空港进行联盟决策时，空港可以在第 t 迭代周期过后更改自己的策略，即存在 $St(t+1) \neq St(t)$，St 是空港所采取的策略。

9.2.2 初始收益指标体系

因为空港的实际发展情况不同，所以在联盟中空港得到的收益也是不同的，根据科学性和可量化性的原理，依据空港的实际情况和现有文献[5,16,78]，本书认为收益和区域发展状况、生产要素、需求状况、支撑产业和环境影响相关，由此建立的博弈前初始收益的指标集如表9.1所示。

表 9.1 空港博弈前初始收益的指标集

一级指标	二级指标	三级指标
空港博弈效益指标	区域发展	城市 GDP V_1（亿元）
		第三产业产值 V_2（亿元）
		高等学校毕业生数 V_3（万人）
	生产要素	飞行区等级 $V_4$¹⁾
		主营业务收入 V_5（万元）
		资产回报率 V_6
		货邮吞吐量 V_7（万吨）
		旅客吞吐量 V_8（万人次）
	需求状况	城市居民交通支出 V_9（元）
		服务半径 V_{10}（万人）²⁾
		城市固定资产投资额 V_{11}（亿元）
	支撑产业	公路、铁路和水路总客运量 V_{12}（万人次）
		公路、铁路和水路总货运量 V_{13}（万吨）
		旅游总收入 V_{14}（亿元）
	环境影响	噪声等级 V_{15}³⁾
		万元营业收入耗电量 V_{16}（千瓦·时）

1) 飞行区等级是表示飞行区设施的规模和水平的一种方法，划定飞行区等级的依据是飞行区设施所能适应吨位最大的航空器。目前我国各大空港的等级为 4F、4E.60、4E.45、4D、4C 等几个级别，对应的可量化等级为 5、4.5、4、3、2 等[78]。

2) 服务半径指标依据中国民用航空局对空港服务半径的定义："地面交通 100 千米或 1.5 小时车程为空港服务半径指标"，为了方便量化，本书选取"距离空港 100 千米内的直辖市以及地级市人数"作为空港的服务半径[78]。此指标可以衡量空港所在区域内航空运输的潜在需求量

3) 噪声等级可以分为严重、较严重、一般、轻微等四个等级，对应的量化数值为 1/4、1/3、1/2 和 1[78]

9.2.3 空港联盟退出决策算法

1. 复杂网络简介

复杂网络是一个由点集 $V(G)$ 和边集 $E(G)$ 组成的图，$G=(V,E)$。$E(G)$ 的每条边都有 $V(G)$ 的一对点 (i,j) 与之对应，记定点数 $N=|V|$，边数 $\varepsilon=|E|$，如果 (i,j) 与 (j,i) 对应同一条边，则称 G 为无向网络。

将空港网络抽象成一个无向网络：节点：参与博弈的空港；边：空港之间的航线；邻居节点：与本空港有直航航线连接的空港；节点的度：本空港与其他空港的连接直航航线数，并且每个节点都只与自己的邻居节点发生交互。

2. 空港联盟决策时的博弈矩阵

假设某一区域内的空港在选择联盟与否时只有两种策略：联盟与不联盟（背叛）。综合分析国内外空港联盟尤其是 Pantares 空港联盟、银河国际货运联盟从成立到解散的过程，空港在联盟中的选择更多地考量自己的利益，然后做出更多利于自己的选择，考量的重点并不是联盟整体的利益。另外，本书认为空港在博弈中的地位是平等的，所以本书选用囚徒困境博弈作为基本博弈模型。为了解释的需要，首先假定同一区域内两个空港的囚徒博弈，将空港记为 A 和 B，其收益矩阵如表 9.2 所示。

表 9.2 囚徒困境下空港博弈基本收益矩阵

B \ A	联盟	不联盟
联盟	R_A, R_B	T, S
不联盟	S, T	P_A, P_B

在表 9.2 中，R_A、R_B 代表 A 与 B 都选择联盟时各自的收益；若只有一方参与联盟，则参与联盟的一方收益为 T，不参与联盟一方收益为 S，S 为不联盟空港独立发展收益减去不参与联盟带来的惩罚成本，而 P 为双方不联盟情况下独立发展的收益，所以 $P > S$。故 $T > R_i > P_i > S$（$i = A, B$）。

故本书采用小世界网络研究空港联盟决策的博弈行为。

3. 空港联盟决策算法

本书在传统小世界网络博弈动力学基础上进行了修正，使之更加贴近空港实际情况。根据文献[143]的研究，本书认为空港 i 的总收入是空港自身收益与其邻居空港博弈收益的线性组合，

$$U_i = S_i + hK_i$$

其中，S_i 为其实际的收益；K_i 为空港 i 与其所有邻居空港博弈得到的收益之和；$h(0 \leqslant h \leqslant 1)$ 为空港 i 对与其邻居空港博弈收益的重视程度。

基于文献[78,144,145]，本书提出空港联盟决策算法，计算步骤如下。

（1）将各年度指标值按顺序排列，构成决策矩阵 A

$$A = \begin{pmatrix} y_{11} & y_{12} & \cdots & y_{1n} \\ y_{21} & y_{22} & \cdots & y_{2n} \\ \vdots & \vdots & & \vdots \\ y_{m1} & y_{m2} & \cdots & y_{mn} \end{pmatrix}$$

其中，y_{ij} 为空港 i 的第 j 个指标值，$i=1,2,\cdots,m$，$j=1,2,\cdots,n$。

（2）数据归一化。若指标为效益性指标，则

$$x_{ij} = \frac{y_{ij}}{\sum_{j=1}^{n} y_{ij}}$$

若指标为成本性指标，则将指标值倒数后再运用此公式。

（3）计算指标值的熵值

$$e_i = -\frac{1}{\ln n}\sum_{j=1}^{n} x_{ij} \ln x_{ij}$$

（4）计算差异系数。指标的差异越大，对方案评价的作用就越大，熵值越小，指标的权重系数越大。反之，指标的差异越小，对方案评价的作用就越小，熵值越大，指标的权重系数越小。

差异系数计算公式为

$$g_i = 1 - e_i$$

（5）运用熵值法对指标赋权，指标的权重矩阵 $B = (b_i)_{m\times 1}$

$$b_i = \frac{g_i}{\sum_{i=1}^{m} g_i}$$

（6）构建规范矩阵 V

$$V = \begin{pmatrix} v_{11} & v_{12} & \cdots & v_{1n} \\ v_{21} & v_{22} & \cdots & v_{2n} \\ \vdots & \vdots & & \vdots \\ v_{m1} & v_{m2} & \cdots & v_{mn} \end{pmatrix}$$

其中，$v_{ij} = \dfrac{y_{ij}}{\sqrt{\sum_{i=1}^{m} y_{ij}^2}}$，$i=1,2,\cdots,m$，$j=1,2,\cdots,n$。若指标为成本性指标，则将指标值倒数后再运用此公式。

（7）构建加权标准化矩阵 Z

$$z_{ij} = b_i \times v_{ij}$$

（8）确定正理想解与负理想解

$$Z^* = (Z_1^*, Z_2^*, \cdots, Z_n^*)$$
$$Z^- = (Z_1^-, Z_2^-, \cdots, Z_n^-)$$

其中，$Z_j^* = \max(z_{1j}, z_{2j}, \cdots, z_{mj})$，$Z_j^- = \min(z_{1j}, z_{2j}, \cdots, z_{mj})$。

(9) 计算各年度指标值与正理想解和负理想解的距离

$$S_i^* = \sqrt{\sum_{j=1}^{n}(z_{ij} - Z_i^*)^2}$$

$$S_i^- = \sqrt{\sum_{j=1}^{n}(z_{ij} - Z_i^-)^2}$$

(10) 计算各年度指标与理想解的相对接近度

$$R_i = \frac{S_i^-}{S_i^- + S_i^*}$$

R_i 为空港 i 博弈前由区域发展、生产要素、需求状况、支撑产业和环境影响所决定的初始收益。

(11) 根据 R 计算 P、T、S。令 $P_i = \lambda_1 \times R_i$，$T = \lambda_2 \times \max(P_i)$，$S = \lambda_3 \times \min(P_i)$，$0 < \lambda_1 < 1$，$\lambda_2 > 1$，$0 < \lambda_3 < 1$。

(12) 收益计算。假设每个空港都与其所有邻居空港相互作用，在 t 时刻，对于空港 i，假设其有 $\rho_i(t)$ 个参与联盟的邻居空港，则不参与联盟的邻居空港个数为 $k_i - \rho_i(t)$，如果空港 i 选择联盟策略，则收益为 $R_i\rho_i(t) + S(k_i - \rho_i(t))$，从它的邻居可以获取的收益为 $R_i\rho_i(t) + T(k_i - \rho_i(t))$，所以 t 时刻空港 i 的收益为

$$U_i(t) = [R_i\rho_i(t) + S(k_i - \rho_i(t))] + h[R_i\rho_i(t) + T(k_i - \rho_i(t))]$$

同理，如果空港 i 选择不联盟策略，其收益为

$$\bar{U}_i(t) = [T\rho_i(t) + P_i(k_i - \rho_i(t))] + h[S\rho_i(t) + P_i(k_i - \rho_i(t))]$$

(13) 联盟策略更新公式。

如果在 t 时刻空港 i 选择联盟策略且 $\bar{U}_i(t) > \zeta \times U_i(t)$，则在 $t+1$ 时刻空港 i 会转向采取不联盟策略；反之，则仍采取联盟策略。

如果在 t 时刻空港 i 选择不联盟策略且 $U_i(t) > \zeta \times \bar{U}_i(t)$，则在 $t+1$ 时刻空港 i 会转向采取联盟策略；反之，则仍采取不联盟策略。

其中 $\zeta > 1$ 为调节系数，它反映只有当不联盟收益与联盟收益之差达到一定程度时，空港才会变化策略。

(14) 下一时刻空港 i 所采取的策略分析。假设在 t 时刻空港 i 采取联盟策略的概率为 $\alpha_i(t)$，采取不联盟策略的概率则为 $1 - \alpha_i(t)$，则在 $t+1$ 时刻空港 i 采取联盟策略的概率为

$$\alpha_i(t+1) = \alpha_i(t)(1 - \bar{p}_i(t)) + (1 - \alpha_i(t))p_i(t)$$

其中，$p_i(t)$ 代表 t 时刻空港 i 从联盟状态转向不联盟状态的概率；$\bar{p}_i(t)$ 表示 t 时刻空港 i 从不联盟状态转向联盟状态的概率。

$$p_i(t) = \frac{\bar{U}_i(t) - U_i(t)}{k_i T(1+h)}$$

$$\bar{p}_i(t) = \frac{U_i(t) - \bar{U}_i(t)}{k_i T(1+h)}$$

即当 $\bar{p}_i(t) \geq 0$ 时，

$$\alpha_i(t+1) = \alpha_i(t)(1 - \bar{p}_i(t))$$

当 $p_i(t) \geq 0$ 时，

$$\alpha_i(t+1) = \alpha_i(t) + (1 - \alpha_i(t))p_i(t)$$

（15）重复步骤（12）～（14），进行网络博弈，直到网络稳定。此时，所有空港不再更改策略，网络达到稳定状态。

下面本章对算法的收敛性进行简单的证明。当 $\bar{p}_i(t) \geq 0$ 时，$\bar{U}_i(t) > \zeta \times U_i(t)$。此时要求参与联盟的空港所占的比例 $\rho_C > \rho = [S - P + h(T-P)]/[(T-P-R-S)(1+h)]$。假设初始时刻参与联盟的空港所占的比例大于 ρ，此时 ρ_C 会随着系统的演化单调递减至 ρ，此时 $\bar{U}_i(t) = U_i(t)$。而 ρ_C 不可能小于 ρ，不然就不能满足 $\bar{p}_i(t) \geq 0$。当 $p_i(t) \geq 0$ 时，分析过程是相似的。所以无论初始状态如何，网络都会在 $\rho_C = [S - P + h(T-P)]/[(T-P-R-S)(1+h)]$ 时，达到收敛和稳定状态。

由算法可知，空港在做出是否联盟的决策时除了参考自身的收益外，还会参考其他空港的选择，这一点与现实中的空港联盟是相同的。由参考文献[54]可知，很多空港在参与联盟前并未评估空港联盟对其未来发展的影响，很多空港参与的动机是怕受到空港联盟的排挤。但是在分析空港联盟退出机制时，参与联盟的空港必然会比较联盟后的收益与联盟前的收益，从而做出是否退出联盟的决策。

9.3 空港联盟的退出决策

正如前面所分析的，空港判断自己是否要退出空港联盟的主要标准是自己联盟后的收益是否多于未联盟时的收益。

在本章中，空港参与联盟后的收益由两部分决定：联盟内空港之间的信任度和空港参与联盟后的实际收益。而空港之间的信任度函数是由空港之间的距离和空港之间的产权关系决定的。在空港之间的距离方面，如果两个参与联盟的空港的服务半径存在重叠，则两个空港在客源方面是直接竞争关系，所以空港之间的距离越近，相互之间的信任度越低。在空港之间的产权关系方面，如果两个空港都由同一个空港集团控股或者参股，则这两个空港之间的信任度会增强。空港参与联盟后的收益则由三部分组成：空港自身发展的收益、空港参与联盟得到的收益和空港参与联盟所付出的成本。空港自身发展的收益是指由空港的区域发展、需求状况、支撑产业和环境影响的改善带来的收益。根据参考文献[147]，空港参与联盟得到的收益则主要体现在新航线的开辟和国际航线的合作上。但是如果空港联盟内的空港之间的服务半径存在重叠，则又存在竞争关系。空港参与联盟所付出的成本主要为时间成本和管理成本，为了简化起见，本书假设其由空港参与联盟后的实际收益乘以一定的比例得到。

计算步骤如下：

（1）计算空港未参与联盟的实际收益 $\overline{\mathrm{reward}}_i(t+1)(i=1,2,\cdots,n)$，根据表 9.1 构建的指标体系和实际的数据，运用联盟决策算法的步骤（1）～（10）进行计算。

（2）计算空港参与联盟后的收益。分析新开辟航线或者增加航班对空港收益的影响。记新开辟航线或增加航班的两个空港分别为 i 和 j，假设通过开辟新航线或者增加航班能够为空港 i 带来的旅客吞吐量变化量为 $\alpha_i \times V_{10}^i(t)$，而空港 i 与旅客吞吐量直接相关的主营业务收入 V_5、资产回报率 V_6、货邮吞吐量 V_7 的变化量则分别为

$$\frac{\alpha_i \times V_{10}^i(t)}{V_8^i(t)} \times V_5^i(t), \quad \frac{\alpha_i \times V_{10}^i(t)}{V_8^i(t)} \times V_6^i(t), \quad \frac{\alpha_i \times V_{10}^i(t)}{V_8^i(t)} \times V_7^i(t)$$

（3）分析国际航线合作对空港收益的影响。记空港联盟中有 n 个空港，有的空港国际航线多且覆盖国家和地区多，有的空港的国际航线则比较少甚至没有，空港联盟的一项非常重要的合作内容就是联盟空港在国际航线上的合作。记 t 时刻联盟内 n 个空港国际航线的数量分别为 $\mathrm{Int}_1(t), \mathrm{Int}_2(t), \cdots, \mathrm{Int}_n(t)$，空港 i 在 $t+1$ 时刻旅客吞吐量变化量为

$$\frac{\mathrm{Int}_i(t)}{\sum_{i=1}^n \mathrm{Int}_i(t)} \times \sum_{i=1}^n V_s^i(t) \times p(t) \times \theta_i(t)$$

而空港 i 与旅客吞吐量直接相关的主营业务收入 V_5、资产回报率 V_6、货邮吞吐量 V_7 的变化量则分别为

$$\frac{\mathrm{Int}_i(t)}{\sum_{i=1}^n \mathrm{Int}_i(t)} \times \sum_{i=1}^n V_5^i(t) \times p(t) \times \theta_i(t)$$

$$\frac{\mathrm{Int}_i(t)}{\sum_{i=1}^n \mathrm{Int}_i(t)} \times \sum_{i=1}^n V_6^i(t) \times p(t) \times \theta_i(t)$$

$$\frac{\mathrm{Int}_i(t)}{\sum_{i=1}^n \mathrm{Int}_i(t)} \times \sum_{i=1}^n V_7^i(t) \times p(t) \times \theta_i(t)$$

其中，$p(t)$ 为 t 时刻 n 个空港国际航线旅客吞吐量占总旅客吞吐量的比例；$\theta_i(t)$ 为空港 i 所在区域的人口自然增长率。

（4）分析空港联盟中服务半径相重叠的空港之间的竞争对空港收益的影响。假设同一区域内有 N 个空港的服务半径有重叠，t 时刻 N 个空港的收益分别 $\text{reward}_1(t)$，$\text{reward}_2(t)$，$\cdots$，$\text{reward}_n(t)$，而 $t-1$ 时刻这 N 个空港的收益分别为 $\text{reward}_1(t-1)$，$\text{reward}_2(t-1)$，$\cdots$，$\text{reward}_n(t-1)$，则空港 i 旅客吞吐量的变化量为

$$\left(\frac{\text{reward}_i(t)}{\sum_{i=1}^{n} \text{reward}_i(t)} - \frac{\text{reward}_i(t)}{\sum_{i=1}^{n} \text{reward}_i(t)} \right) \times V_s^i(t)$$

与旅客吞吐量直接相关的主营业务收入 V_5、资产回报率 V_6、货邮吞吐量 V_7 的变化量则分别为

$$\left(\frac{\text{reward}_i(t)}{\sum_{i=1}^{n} \text{reward}_i(t)} - \frac{\text{reward}_i(t)}{\sum_{i=1}^{n} \text{reward}_i(t)} \right) \times V_5^i(t)$$

$$\left(\frac{\text{reward}_i(t)}{\sum_{i=1}^{n} \text{reward}_i(t)} - \frac{\text{reward}_i(t)}{\sum_{i=1}^{n} \text{reward}_i(t)} \right) \times V_6^i(t)$$

$$\left(\frac{\text{reward}_i(t)}{\sum_{i=1}^{n} \text{reward}_i(t)} - \frac{\text{reward}_i(t)}{\sum_{i=1}^{n} \text{reward}_i(t)} \right) \times V_7^i(t)$$

（5）分析空港之间的信任度对空港收益的影响。如前面分析，空港之间的信任度与空港之间的距离和空港之间的产权关系相关。在距离方面，距离越近，空港之间的信任度越低，如果两个空港的距离达到一定的阈值后，两者之间在距离方面的信任度应该为 1。在产权关系方面，如果两个空港由同一个空港集团控股或者参股，则空港之间的信任度会增强。在本章中，空港 i 与空港 j 的信任度函数是一个分段函数，即

$$\text{trust}(i,j) = \begin{cases} \eta(i,j) \times \dfrac{\text{distance}(i,j)}{\text{thresholdvalue}} & \text{if distance}\,\eta(i,j) < \text{thresholdvalue} \\ \eta(i,j) & \text{if distance}\,\eta(i,j) \geqslant \text{thresholdvalue} \end{cases}$$

其中，$\eta(i,j)$ 表示空港之间的产权关系对空港之间信任度的影响。如果空港 i 与空港 j 均由同一个空港集团控股或者参股，则 $\eta(i,j) > 1$；反之，$\eta(i,j) = 1$。

（6）分析联盟成本对空港收益的影响。如前面分析，本书假设其由空港参与联盟后的实际收益乘以一定的比例得到，设为 σ_i。

综上所述，$t+1$ 时刻空港 i 旅客吞吐量 $V_8^i(t+1)$ 为

$$V_s^i(t+1) = V_s^i(t) + \frac{1}{n} \times \sum_{j=1}^{n} \text{trust}(i,j) \times (1-\sigma) \times \left(\alpha_i \times V_{10}^i + \frac{\text{Int}_i(t)}{\sum_{i=1}^{n} \text{Int}_i(t)} \times \sum_{i=1}^{n} V_s^i(t) \times p(t) \times \theta_i(t) \right.$$

$$\left. + \left(\frac{\text{reward}_i(t)}{\sum_{i=1}^{n} \text{reward}_i(t)} - \frac{\text{reward}_i(t)}{\sum_{i=1}^{n} \text{reward}_i(t)} \right) \times V_s^i(t) \right)$$

主营业收入 $V_5^i(t+1)$ 为

$$V_5^i(t+1) = V_5^i(t) + \frac{1}{n} \times \sum_{j=1}^{n} \text{trust}(i,j) \times (1-\sigma) \times \left(\frac{\alpha_i \times V_{10}^i}{V_8^i(t)} \times V_5^i + \frac{\text{Int}_i(t)}{\sum_{i=1}^{n} \text{Int}_i(t)} \times \sum_{i=1}^{n} V_5^i(t) \times p(t) \times \theta_i(t) \right.$$

$$\left. + \left(\frac{\text{reward}_i(t)}{\sum_{i=1}^{n} \text{reward}_i(t)} - \frac{\text{reward}_i(t)}{\sum_{i=1}^{n} \text{reward}_i(t)} \right) \times V_5^i(t) \right)$$

资产回报率 $V_6^i(t+1)$ 为

$$V_6^i(t+1) = V_6^i(t) + \frac{1}{n} \times \sum_{j=1}^{n} \text{trust}(i,j) \times (1-\sigma) \times \left(\frac{\alpha_i \times V_{10}^i}{V_8^i(t)} \times V_6^i + \frac{\text{Int}_i(t)}{\sum_{i=1}^{n} \text{Int}_i(t)} \times \sum_{i=1}^{n} V_6^i(t) \times p(t) \times \theta_i(t) \right.$$

$$\left. + \left(\frac{\text{reward}_i(t)}{\sum_{i=1}^{n} \text{reward}_i(t)} - \frac{\text{reward}_i(t)}{\sum_{i=1}^{n} \text{reward}_i(t)} \right) \times V_6^i(t) \right)$$

货邮吞吐量 $V_7^i(t+1)$ 为

$$V_7^i(t+1) = V_7^i(t) + \frac{1}{n} \times \sum_{j=1}^{n} \text{trust}(i,j) \times (1-\sigma) \times \left(\frac{\alpha_i \times V_{10}^i}{V_8^i(t)} \times V_7^i + \frac{\text{Int}_i(t)}{\sum_{i=1}^{n} \text{Int}_i(t)} \times \sum_{i=1}^{n} V_7^i(t) \times p(t) \times \theta_i(t) \right.$$

$$\left. + \left(\frac{\text{reward}_i(t)}{\sum_{i=1}^{n} \text{reward}_i(t)} - \frac{\text{reward}_i(t)}{\sum_{i=1}^{n} \text{reward}_i(t)} \right) \times V_7^i(t) \right)$$

对表 9.1 中的其他指标，假设 V_4 保持不变，其他指标 V_1，V_2，V_3，V_9，…，V_{16} 的值则由历史数据采用二次平滑指数方法预测得到的值乘以信任度函数得到。

然后，运用联盟决策算法的步骤（1）～（10）进行计算空港 i 的收益 $\text{reward}_i(t+1)$。

（7）比较空港未参与联盟的实际收益 $\overline{\text{reward}_i}(t+1)$ 和参与联盟后的收益 $\text{reward}_i(t+1)$，如果连续两年 $\text{reward}_i < \overline{\text{reward}_i}$，则空港 i 退出空港联盟。

9.4 例　证

本章选取广州、上海（浦东国际机场）、深圳、厦门、北京（首都国际机场）、海口、济南、杭州、重庆、乌鲁木齐、西安、大连、武汉、沈阳、哈尔滨、三亚、太原、郑州、青岛、昆明、成都、天津、南京、宁波、长沙等25个城市的空港2009~2012年的数据作为基本数据，进行实证研究。其中，服务半径数据根据定义计算得到，上市空港（北京、上海、深圳、广州、厦门、海口）的主营业务收入与资产回报率来自上市公司年报，其他空港的主营业务收入和资产回报率来自研究报告和网络数据，噪声等级的划分见文献[78]，各空港耗电量数据来自研究报告，其他指标数据来自各城市统计年鉴。

根据联盟决策算法计算步骤（1）~（10）和2009年的数据，计算出空港博弈前的初始收益如表9.3所示。

表9.3　运用熵值TOPSIS计算的空港博弈前的初始收益

空港	广州	上海	深圳	厦门	北京	海口	济南	杭州	重庆
收益	0.432 5	0.623 1	0.416 3	0.163 7	0.557 2	0.162 1	0.181 2	0.336 4	0.132 4
空港	乌鲁木齐	西安	大连	武汉	沈阳	哈尔滨	三亚	太原	郑州
收益	0.223 4	0.201 0	0.201 2	0.201 2	0.143 4	0.097 3	0.202 3	0.232 5	0.101 2
空港	青岛	昆明	成都	天津	南京	宁波	长沙		
收益	0.223 2	0.202 3	0.197 2	0.302 3	0.313 3	0.215 3	0.145 6		

本书利用计算的初始收益值进行空港网络的博弈动力学模拟（$h=0.5$，$\lambda_1=0.8$，$\lambda_2=1.25$，$\lambda_3=0.75$，$\zeta=1.25$），得到网络的稳定状态如表9.4所示。

表9.4　博弈后空港网络的稳定状态

空港	广州	上海	深圳	厦门	北京	海口	济南	杭州	重庆	乌鲁木齐	西安	大连	武汉
联盟与否	0	0	0	1	0	1	1	1	0	1	1	1	1
空港	沈阳	哈尔滨	三亚	太原	郑州	青岛	昆明	成都	天津	南京	宁波	长沙	
联盟与否	1	1	1	1	1	1	0	0	0	1	1	1	

注：1代表联盟；0代表不联盟

第9章 空港联盟退出算法研究

根据参考文献[146]，我国大型国际枢纽空港主要为北京首都国际机场、上海浦东国际机场、广州白云国际机场等，从表9.4可以看出，它们在空港网络博弈中都选择不联盟策略。而像厦门高崎国际机场、哈尔滨太平国际机场、郑州新郑国际机场等中小机场，则采取联盟策略。

由表9.4可以看出，在25个空港中，有8个空港选择不联盟，其余17个空港选择联盟，本书利用这17个空港的实证数据进行研究。假设这17个空港从2009年开始结成空港联盟，本章利用前面的算法分析空港联盟后2010~2012年各个空港的收益，并且利用实际数据计算2010~2012年各个空港未参加联盟的实际收益，比较两者的大小，从而分析是否会有空港退出联盟。

首先给出17个联盟空港之间的实际距离，如表9.5所示。为了简便起见，本书用数字1~17分别代表厦门、海口、济南、杭州、乌鲁木齐、西安、大连、武汉、沈阳、哈尔滨、三亚、太原、郑州、青岛、南京、宁波和长沙。

表9.5 空港之间的距离（单位：千米）

空港	1	2	3	4	5	6	7	8	9	10	11	12	13	14	15	16	17
1	0	9519	1336	672	2539	1388	1647	786	1985	2497	1127	1584	1236	1309	844	690	670
2	951	0	1963	1499	3369	1588	2354	1242	1242	3220	196	2002	1655	2028	1573	1559	954
3	1336	1963	0	777	2596	771	475	719	793	1287	2181	417	369	319	524	874	1009
4	672	1499	777	0	3226	1152	964	564	1316	1813	1719	1103	799	637	252	142	738
5	2539	3369	2596	3226	0	2110	2869	2746	2900	3037	3512	2182	2434	2907	2980	3372	2811
6	1388	1588	771	1152	2110	0	1235	644	1512	1962	1796	492	428	1055	943	1282	770
7	1647	2354	475	964	2869	1235	0	1140	356	863	2575	797	850	322	800	1000	1434
8	786	1242	719	564	2746	644	1140	0	1490	1987	1464	817	464	823	456	698	296
9	1985	1242	793	1316	2900	1512	356	1490	0	508	2928	1026	1156	697	1157	1345	1779
10	2497	3220	1287	1813	3037	1962	863	1987	508	0	3446	1446	1644	1203	1665	1831	2284
11	1127	196	2181	1719	3512	1796	2575	1464	2928	3446	0	2196	1875	2248	1790	1775	1161
12	1584	2002	417	1103	2182	492	797	817	1026	1446	2196	0	365	734	853	1222	1070
13	1236	1655	369	799	2434	428	850	464	1156	1644	1875	365	0	624	563	914	727
14	1309	2028	319	637	2907	1055	322	823	697	1203	2248	734	624	0	464	696	1113
15	844	1573	524	252	2980	943	800	456	1157	1665	1790	853	563	464	0	352	706
16	690	1559	874	142	3372	1282	1000	698	1345	1831	1775	1222	914	696	352	0	853
17	670	954	1009	738	2811	770	1434	296	1779	2284	1161	1070	727	1113	706	853	0

由表9.5可以看到，海口与三亚、杭州与宁波的服务半径有重叠，存在直接竞争关系。在本书中，thresholdvalue=500千米，所以海口与三亚、济南与大连、济南与太原、济南与郑州、济南与青岛、杭州与南京、杭州与宁波、西安与太原、

西安与郑州、大连与沈阳、大连与青岛、武汉与郑州、武汉与南京、武汉与长沙、太原与郑州、青岛与南京、南京与宁波等空港之间在距离方面的信任度小于1，其余空港在距离方面之间的信任度均为1。

在空港之间的产权关系方面，武汉和哈尔滨均为首都机场集团控股，而沈阳和大连为首都机场集团参股，所以它们之间的信任度会有所增强。为了更好地刻画相互之间的关系，本章假设如果两个空港均为同一个集团控股，则 $\eta=1.5$。如果两个空港只有一个被控股而另一个被参股或者两个空港均为被参股，则 $\eta=1.25$。

另外，2009~2012年17个空港的国际旅客吞吐量占总吞吐量的比例 $p(t)$ 分别为 18.33%、18.56%、18.04%和18.99%。为了简化起见，2009~2012年所有17个空港所在区域的人口自然增长率均设定为 $\theta(t)=0.3\%$。联盟成本占联盟收益的比例为 $\sigma=5\%$，$\alpha=0.4\%$。因为空港联盟成立于2009年，所以在考虑联盟对2010年空港收益的影响时，不考虑联盟之间的竞争的影响。

1. 2011年空港联盟的退出情况

运用空港联盟的退出算法和联盟决策算法的计算步骤（1）~（10），得到2010~2011年17个空港的联盟收益和实际收益，如表9.6所示。

表9.6　2010年和2011年收益比较

收益	厦门	海口	济南	杭州	乌鲁木齐	西安	大连	武汉	沈阳	哈尔滨
2010年联盟	0.1977	0.1644	0.1944	0.3633	0.2413	0.2508	0.2964	0.3315	0.1843	0.1132
2010年实际	0.1942	0.1836	0.1845	0.3562	0.2344	0.2325	0.2833	0.321	0.1755	0.1096
两者之差	0.0035	−0.0192	0.0099	0.0071	0.0069	0.0183	0.0131	0.0105	0.0088	0.0036
2011年联盟	0.2033	0.1754	0.2144	0.3896	0.2633	0.2742	0.3363	0.3133	0.2523	0.1989
2011年实际	0.1956	0.1865	0.2166	0.3655	0.2544	0.2425	0.2876	0.3088	0.2454	0.1854
两者之差	0.0077	−0.0111	−0.0022	0.0241	0.0089	0.0317	0.0487	0.0045	0.0069	0.0135

收益	三亚	太原	郑州	青岛	南京	宁波	长沙
2010年联盟	0.2163	0.2521	0.1244	0.2553	0.3326	0.2132	0.1698
2010年实际	0.2095	0.2513	0.1425	0.2488	0.3265	0.2346	0.1566
两者之差	0.0068	0.0008	−0.0181	0.0065	0.0061	−0.0214	0.0132
2011年联盟	0.2345	0.2933	0.1633	0.2789	0.3633	0.2544	0.2143
2011年实际	0.2243	0.2688	0.1478	0.2567	0.3533	0.2622	0.2028
两者之差	0.0102	0.0245	0.0155	0.0213	0.0101	−0.0078	0.0115

由表 9.6 可知，海口和宁波 2010 年和 2011 年的联盟收益都小于实际收益，所以它们会在 2011 年退出空港联盟。海口与三亚在服务半径上有重叠并存在直接竞争关系，而三亚的区域发展、需求状况和支撑产业都优于海口，所以即使在同一个联盟中，相互的竞争合作也处于劣势。类似地，对宁波来说，与杭州的直接竞争也导致了联盟收益小于实际收益。这说明如果两个空港存在直接竞争关系，空港实力相对较弱的空港会先退出联盟，空港的实力会影响空港在联盟中的退出决策。

另外，济南 2011 年的联盟收益小于实际收益。对济南来说，济南空港与大连、太原、郑州和青岛等空港的距离都小于 500 千米，这导致济南与空港之间的信任度较低。基于同样的原因，郑州空港实力的不足以及与空港之间的信任度不足导致其 2010 年联盟收益小于实际收益。郑州与济南、西安、武汉和太原等空港的距离小于 500 千米，而且由表 9.6 可知，郑州空港的相对实力仅高于哈尔滨，排名倒数第 2 位。而哈尔滨空港由于与大连、沈阳、武汉等空港均由首都机场集团控股或者参股，信任度的增强使得哈尔滨的联盟收益大于实际收益。以上两点导致郑州空港 2010 年的联盟收益小于实际收益。这说明空港之间的信任度对空港是否会选择退出联盟具有非常重要的影响。

2. 2012 年空港联盟的退出情况

在海口和宁波退出空港联盟后，空港联盟还剩下 15 个空港。运用空港联盟的退出算法和联盟决策算法的计算步骤（1）～（10），得到 2012 年 15 个空港的联盟收益和实际收益，如表 9.7 所示。

表 9.7　2012 年收益比较

收益	厦门	济南	杭州	乌鲁木齐	西安	大连	武汉	沈阳	哈尔滨
2012 年联盟	0.214 3	0.224 8	0.397 7	0.271 2	0.288 9	0.345 5	0.332 1	0.264 3	0.201 5
2012 年实际	0.202 5	0.232 2	0.374 2	0.262 4	0.257 8	0.302 4	0.317 8	0.257 6	0.197 7
两者之差	0.011 8	−0.007 4	0.023 5	0.008 8	0.031 1	0.043 1	0.014 3	0.006 7	0.003 8

收益	三亚	太原	郑州	青岛	南京	长沙
2012 年联盟	0.247 6	0.301 8	0.171 3	0.286 6	0.375 4	0.223 1
2012 年实际	0.235 2	0.276 5	0.154 4	0.263 3	0.365 5	0.215 5
两者之差	0.012 4	0.025 3	0.016 9	0.023 3	0.009 9	0.007 6

综合表 9.6 和表 9.7，2011 年和 2012 年济南空港的联盟收益均小于实际收益，

所以 2012 年济南空港会退出联盟。综合 2011 年和 2012 年的情况可知,与其他空港信任度较低成为济南空港退出联盟的主要原因。

另外,通过比较表 9.6 和表 9.7 中的联盟收益和实际收益可知,参与联盟对空港收益的提升作用也比较有限。

综合以上叙述,得出如下 4 个基本结论。

结论 1:相比于大空港,中小空港联盟积极性更高。

结论 2:空港的实力会影响空港在联盟中的地位,进而影响空港的联盟退出选择。

结论 3:空港之间的直接竞争与信任度对空港是否会选择退出联盟有非常重要的影响。

结论 4:参与联盟对空港收益的提升作用不明显。

对空港管理者来说,需要合理评估空港联盟对空港未来发展所带来的影响,这些影响主要体现在新航线的开辟、国际航线的合作、联盟成本等方面。而空港之间的竞争和空港之间的信任度会对空港的联盟收益带来非常大的影响,所以空港在做出是否联盟的决策时,要合理分析其他参与联盟的空港情况、空港之间的距离和空港之间的产权关系。另外,从本章的实证结果来看,参与联盟对空港收益的提升作用并不明显,所以空港要慎重做出是否联盟的决策。

9.5 本 章 小 结

本章研究了参与联盟的空港退出联盟的决策问题。利用修正的小世界网络博弈动力学研究了空港的联盟问题,进而提出空港联盟退出算法,并利用生成的空港联盟研究了空港联盟退出问题,填补了空港联盟领域研究的空白。本章利用 2009~2012 年的数据进行了实证研究,结果证实了算法的有效性和适用性。本章的算法和研究结论既可以为未参与联盟空港的联盟决策提供参考,又可以为已参与联盟空港评估参与联盟带来的收益提供有价值的分析思路。

需要指出的是,限于实证数据的收集难度,本章并未对空港在更长时间段的联盟退出问题进行进一步研究,在以后的研究中,需要进一步丰富内容以分析更多的可能性。

第10章 空港联盟解散机制研究

10.1 算例设计

基于第 8 章准入算法和第 9 章退出算法的基础,在不断有空港进入联盟和退出联盟的情况下,空港联盟解散的条件如下:

(1) 无新空港申请进入联盟或者无新空港被准入联盟。

(2) 超过 $\frac{1}{3}N$(含 $\frac{1}{3}$)的空港已经退出联盟,N 为空港联盟成立之初的成员数。

当同时满足以上两个条件时,则联盟解散。

为了简化起见,参考东北腹地及环渤海区域相关机场航空市场战略联盟的实际情况,本书首先假设北京、济南、大连、沈阳、哈尔滨、太原、郑州、青岛、天津等 9 个北方空港已经组成空港联盟,而厦门、杭州、武汉、南京、长沙和宁波等 6 个长江三角洲地区的空港依次申请进入这一空港联盟。基于 2009~2012 年的基本数据,本书实证研究空港联盟的解散决策问题。其中,服务半径数据根据定义计算得到,上市空港(北京、上海、深圳、广州、厦门、海口)的主营业务收入与资产回报率来自上市公司年报,其他空港的主营业务收入和资产回报率来自研究报告和网络数据,噪声等级的划分见文献[78],各空港耗电量数据来自研究报告,其他指标数据来自各城市统计年鉴。

将空港网络抽象成一个无向网络:空港抽象成网络的节点,空港之间的直航航线抽象为成网络的边,与空港 i 有直航航线连接的空港定义为空港 i 的邻居节点,空港 i 与其邻居节点的连接航线数定义为空港 i 的度,并且每个节点都只和邻居节点发生交互。

根据准入算法的计算步骤(1)~(10)和 2009 年的数据,计算出已经组成空港联盟的 9 个空港和 6 个申请准入的空港的初始收益,如表 10.1 和表 10.2 所示。

表 10.1 已经联盟的空港的初始收益

空港	北京	济南	大连	沈阳	哈尔滨	太原	郑州	青岛	天津
收益	0.557 2	0.181 2	0.272 3	0.143 4	0.097 3	0.232 5	0.101 2	0.223 2	0.302 3

注:表中为算例数据,并非实际发生数据,无单位

表 10.2　申请准入空港的初始收益

空港	厦门	杭州	武汉	南京	长沙	宁波
收益	0.1637	0.3364	0.2012	0.3133	0.1456	0.2153

注：表中为算例数据，并非实际发生数据，无单位

在分析空港联盟的准入和退出之前，首先给出 9 个已联盟空港和 6 个申请准入的空港相互之间的距离，如表 10.3 所示。

表 10.3　空港之间的距离（单位：千米）

空港	北京	济南	大连	沈阳	哈尔滨	太原	郑州	青岛	天津	厦门	杭州	武汉	南京	长沙	宁波
北京	0	351	459	626	1053	402	627	553	106	1722	1121	1053	893	1319	1208
济南	351	0	475	793	1287	417	369	319	272	1336	777	719	534	1009	874
大连	459	475	0	356	863	797	850	322	385	1647	964	1140	800	1434	1000
沈阳	626	793	356	0	508	1026	1156	697	604	1985	1316	1490	1157	1779	1345
哈尔滨	1053	1287	863	508	0	1446	1644	1203	1065	2497	1813	1987	1665	2284	1831
太原	402	417	797	1026	1446	0	365	734	427	1584	1103	817	853	1070	1222
郑州	627	369	850	1156	1644	365	0	624	584	1236	799	464	563	727	914
青岛	553	319	322	697	1203	734	624	0	440	1309	637	823	464	1113	696
天津	106	272	385	604	1065	427	584	440	0	1629	1023	993	798	1271	1106
厦门	1722	1336	1647	1985	2497	1584	1236	1309	1629	0	672	786	844	670	690
杭州	1121	777	964	1316	1813	1103	799	637	1023	672	0	564	252	738	142
武汉	1053	719	1140	1490	1987	817	464	823	993	786	564	0	456	296	698
南京	893	534	800	1157	1665	853	563	464	798	844	252	456	0	706	352
长沙	1319	1009	1434	1779	2284	1070	727	1113	1271	670	738	296	706	0	853
宁波	1208	874	1000	1345	1831	1222	914	696	1106	690	142	698	352	853	0

在本书中，thresholdvalue = 500 千米。由表 10.3 可知，天津和北京、杭州和宁波的服务半径存在重叠，存在直接竞争关系。而北京与济南、大连、太原、天津之间的信任度小于 1，济南与大连、太原、郑州、青岛、天津之间的信任度小于 1，大连与沈阳、青岛之间的信任度小于 1，太原与郑州、天津之间的信任度小于 1，郑州与武汉之间的信任度小于 1，青岛与天津、南京之间的信任度小于 1，杭州与南京、宁波之间的信任度小于 1，武汉与南京、长沙之间的信任度小于 1，南京与宁波之间的信任度小于 1。

另外，2010~2012 年国际旅客吞吐量占总吞吐量的比例 $p(t)$ 分别为 19.12%、19.06%和 19.16%。为了简化起见，2010~2012 年所有空港所在区域的人口自然增长率均设定为 $\theta(t) = 0.3\%$，联盟成本占联盟收益的比例为 $\sigma = 5\%$，$\alpha = 0.4\%$。

对于已经加入联盟的空港 i，定义 $inR_i = R_i$，$outR_i = 0.8R_i$；对于申请加入空港联盟的空港 C 来说，定义 $inR_C = R_C$，$outR_C = 0.8R_C$，$h = 0.5$，$\theta = 0.6$。为了简化讨论，本书假设 2010 年到 2012 年之间，每年有 2 个空港申请进入空港联盟，而在当年申请了但未获得准入的空港下一年不能再申请进入联盟。

1. 2010 年空港联盟的准入和退出情况

2010 年，厦门和杭州将依次申请进入空港联盟，根据空港联盟准入算法，2010 年的准入情况为厦门准入，杭州不准入。由此可知，空港联盟更加欢迎实力相对弱的空港。

在空港的退出决策方面，2010 年参与联盟的 9 个空港的实际收益和联盟收益如表 10.4 所示。

表 10.4 2010 年收益比较

空港	北京	济南	大连	沈阳	哈尔滨	太原	郑州	青岛	天津
联盟收益	0.593 2	0.200 4	0.294 1	0.182 4	0.113 5	0.264 3	0.132 3	0.242 3	0.324 3
实际收益	0.587 7	0.210 7	0.287 6	0.148 4	0.102 3	0.249 7	0.129 3	0.236 7	0.331 2
两者之差	0.005 5	−0.010 3	0.006 5	0.034 0	0.011 2	0.014 6	0.003 0	0.005 6	−0.006 9

根据空港联盟的退出算法，济南和天津会在 2010 年退出空港联盟。其原因是：①天津与北京在服务半径上有重叠并存在直接竞争关系，而北京的区域发展、需求状况和支撑产业都优于天津，所以即使在同一个联盟中，相互的竞争合作也处于劣势；②对济南来说，济南与北京、大连、太原、郑州、青岛和天津的距离都小于 500 千米，所以济南与空港联盟内的很多空港之间的信任度较低，直接导致 2010 年的联盟收益小于实际收益。这说明空港之间的信任度对空港是否会选择退出联盟具有非常重要的影响。

2010 年以后，空港联盟的成员变为北京、大连、沈阳、哈尔滨、太原、郑州、青岛和厦门，这几个空港不符合空港联盟解散的条件。

2. 2011 年空港联盟的准入和退出情况

2011 年，武汉和南京将依次申请进入空港联盟，根据空港联盟准入算法，2011 年的准入情况为武汉不准入，南京准入。由此可知，当两个实力相当的空港依次申请进入联盟时，如果第一个被拒绝准入，第二个空港进入联盟的概率非常大。

在空港的退出决策方面，2011 年参与联盟的 8 个空港的实际收益和联盟收益如表 10.5 所示。

表 10.5　2011 年收益比较

空港	北京	大连	沈阳	哈尔滨	太原	郑州	青岛	厦门
联盟收益	0.613 4	0.335 4	0.202 4	0.124 3	0.280 3	0.143 5	0.253 9	0.183 3
实际收益	0.610 8	0.327 6	0.158 7	0.118 7	0.263 2	0.146 2	0.249 8	0.178 9
两者之差	0.002 6	0.007 8	0.043 7	0.005 6	0.017 1	−0.002 7	0.004 1	0.004 4

根据空港联盟的退出算法，郑州将会在 2011 年退出空港联盟，与济南一样，郑州与空港联盟内的很多空港之间距离小于 500 千米，相互之间的信任度较低，导致 2011 年的联盟收益小于实际收益。

2011 年以后，空港联盟的成员变为北京、大连、沈阳、哈尔滨、太原、青岛、厦门和南京，这几个空港不符合空港联盟解散的条件。

3. 2012 年空港联盟的准入和退出情况

2012 年，长沙和宁波将依次申请进入空港联盟，根据空港联盟准入算法，2012 年的准入情况为长沙不准入、宁波不准入。此时，空港联盟已经处于解散的边缘，相互之间的竞争取代合作成为联盟的主要关系，此时空港联盟已经具有了非常强的排外性和封闭性。

在空港的退出决策方面，2012 年参与联盟的 8 个空港的实际收益和联盟收益如表 10.6 所示。

表 10.6　2012 年收益比较

空港	北京	大连	沈阳	哈尔滨	太原	青岛	厦门	南京
联盟收益	0.632 2	0.357 9	0.225 3	0.144 3	0.298 2	0.269 9	0.203 7	0.356 7
实际收益	0.628 8	0.347 6	0.218 7	0.149 6	0.274 7	0.258 7	0.216 5	0.347 5
两者之差	0.003 4	0.010 3	0.006 6	−0.005 3	0.023 5	0.011 2	−0.012 8	0.009 2

根据空港联盟的退出算法，哈尔滨和厦门将会在 2012 年退出空港联盟，它们退出空港联盟的原因是空港的实力较差，影响在空港联盟中的地位，进而影响了它们的退出决策。

2012 年以后，空港联盟的成员变为北京、大连、沈阳、太原、青岛和南京。在这一年，没有新的空港被准许进入联盟，且超过最初联盟空港数 1/3 的空港（3 个）已经退出联盟，所以符合空港联盟解散的条件，空港联盟将解散。

10.2 本章小结

本章研究了空港联盟的解散机制问题。利用 2009~2012 年的数据进行了实证研究，结果证实了算法的有效性和适用性。本书的算法和研究结论可以为分析空港联盟的准入、退出和解散行为提供有价值的思路。

需要指出的是，为了简化讨论，本书并未考虑空港申请进入联盟的顺序对最终结果的影响，在以后的研究中，需要进一步地丰富以分析更多的可能性。

第11章 研究展望

基于本书的研究内容，未来进一步的研究方向可能如下：

（1）空港竞争力的评价指标体系、空港竞争力的影响因素指标体系等仍需要进一步完善。现有很多研究空港竞争力的文献的指标体系都包含很多空港服务水平、准入时间等微观因素，但是受制于没有公开的空港实证数据库，这方面的数据属于内部数据，收集起来非常困难，所以评价指标体系仍需要进一步完善。可以针对空港内部空港服务水平、准入时间等微观因素，加大对各空港实际情况的调研，建立相关的空港数据库，以丰富指标体系，更好地、更全面地对空港竞争力各方面进行研究。

（2）在本书的第3章，BP-DEMATEL方法虽然可以节省大量的计算量，但是BP-DEMATEL方法只适用于目标指标已知的情况，这会影响方法的适用范围。在以后的研究中，需要结合其他的分析方法，进一步扩展BP-DEMATEL的适用范围。作者及其研究生已经针对BP-DEMATEL方法的局限性进行了一定的研究，提出了RM-DEMATEL方法。

（3）在本书的研究中，在分析空港竞争力和空港联盟时，未考虑航空公司的因素及政策的因素，这一点在以后的研究中需要加强。

参 考 文 献

[1] Oum T H，Yan J，Yu C Y. Ownership forms matter for airport efficiency：a stochastic frontier investigation of worldwide airports[J]. Journal of Urban Economics，2008，64（2）：422-435.

[2] Oum T H，Yu C Y. Measuring airports' operating efficiency：a summary of the 2003 ATRS global airport benchmarking report[J]. Transportation Research Part E，2004，40：515-532.

[3] Park Y. An analysis of the competitive strength of Asian major airports[J]. Journal of Air Transport Management，2003，9（6）：353-360.

[4] Lee H，Yang H M. Strategies for global logistics and economic hub：Incheon International Airport[J]. Journal of Air Transport Management，2003，9（2）：113-121.

[5] Cui Q，Kuang H B，Wu C Y，et al. Dynamic formation mechanism of airport competitiveness：the case of China[J]. Transportation Research Part A，2013，47（1）：10-18.

[6] Park Y. Application of a fuzzy linguistic approach to analyse Asian airports'competitiveness[J]. Transportation Planning and Technology，1997，20（4）：291-309.

[7] Lieshout R，Matsumoto H. New international services and the competitiveness of Tokyo International Airport[J]. Journal of Transport Geography，2012，22：53-64.

[8] Peng J L，Zhan C X. A case study on evaluation of airport logistics competitiveness based on AHP[J]. Advanced Materials Research，2012，159：307-312.

[9] Chao C C，Yu P C. Quantitative evaluation model of air cargo competitiveness and comparative analysis of major Asia-Pacific airports[J]. Transport Policy，2013，30（4）：318-326.

[10] Basile A. Evaluating effectiveness of airport logistics system as a driver of firm's competitiveness：empirical evidence for peripheral areas[J]. African Journal of Business Management，2012，6（36）：90-108.

[11] 张越，胡华清. 基于 Malmquist 生产力指数的我国民用机场运营效率分析[J]. 系统工程，2006，24（12）：40-45.

[12] 姜涛，朱金福. 航空公司选择枢纽机场的鲁棒性方法[J]. 系统工程，2006，24（6）：13-17.

[13] 焦朋朋. 机场旅客吞吐量的影响机理和预测方法研究[J]. 交通运输系统工程与信息，2005，5（1）：107-110.

[14] 应习文，石京. 大型枢纽机场可达性量化的初步研究[J]. 交通运输系统工程与信息，2006，6（6）：136-142.

[15] 都业富，朱新华，冯敏. DEA 方法在中国民用机场评价中的应用[J]. 中国民航学院学报，2006，24（6）：46-49.

[16] 吴显扬，吴远开. 运用 AHP 方法研究上海浦东空港的亚太竞争力[J]. 物流技术，2005，9：203-206.

[17] 彭语冰，李艳伟. 枢纽机场竞争力评价研究[J]. 技术经济与管理研究，2011，（9）：11-15.

[18] 苏道明. 机场竞争力评价指标体系的构建[J]. 中国民航飞行学院学报, 2011, 22 (1): 18-22.
[19] 董志毅, 彭语冰, 崔婷. 我国中西部机场特征分析及其竞争力评价研究[J]. 北京理工大学学报（社会科学版）, 2007, 9 (3): 82-87.
[20] 崔强, 武春友, 匡海波. BP-DEMATEL 在空港竞争力影响因素识别中的应用[J]. 系统工程理论与实践, 2013, 33 (6): 1471-1478.
[21] 苏道明, 王明英, 周官志. 机场竞争力形成机理与评价指标体系的构建[J]. 湖南财经高等专科学校学报, 2010, 26 (123): 98-100.
[22] 褚衍昌, 吴育华. 环渤海主要机场竞争力评价研究[J]. 综合运输, 2006, 8-9 (Z1): 101-104.
[23] 张晓玲, 吴春春. 基于灰色综合评价法的国内主要机场竞争力评价[J]. 物流工程与管理, 2012, 34 (11): 166-168.
[24] 程程, 李凯莎, 刘睿. 空港竞争力要素构成与提升措施研究——以广州白云国际机场为例[J]. 产业与科技论坛, 2012, 11 (2): 24-25.
[25] 孙继湖, 谭康华. 基于民航强国的机场竞争力评价[J]. 综合运输, 2012, (12): 47-50.
[26] 陈蓓蓓, 曾小舟, 董莉莉. 基于航线网络结构的上海浦东机场亚太枢纽竞争力分析[J]. 中国民航飞行学院学报, 2013, (1): 16-20.
[27] 任新惠, 唐少勇. 香港国际机场核心竞争力分析及借鉴[J]. 综合运输, 2014, (4): 32-36.
[28] 夏新平, 彭语冰. 机场竞争力的形成机理[J]. 国有资产管理, 2007, (2): 58-61.
[29] 吴金栋, 吕宗平. 我国通用航空机场定义及分类方法研究[J]. 综合运输, 2011, 4: 24-28.
[30] 陈林. 桂林机场综合竞争力分析与提升研究[D]. 南宁: 广西大学硕士学位论文, 2012.
[31] 王则仪. 国际航运中心建设过程中的浦东机场竞争力分析[D]. 上海: 复旦大学硕士学位论文, 2010.
[32] Fernandes E, Pacheco R R. Airport management: a strategic approach[J]. Transportation, 2007, 34: 129-142.
[33] Zhang A M. Analysis of an international air-cargo hub: the case of Hong Kong[J]. Journal of Air Transport Management, 2003, 9: 123-138.
[34] Sarkis J, Talluri S. Performance based clustering for benchmarking of US airports[J]. Transportation Research Part A, 2004, 38: 329-346.
[35] Graham A. Airport strategies to gain competitive advantage. GARS: slots, airport competition and benchmarking of airports[J]. Bremen, 2004, 11: 19-20.
[36] Pacheco R R, Fernandes E. Managerial efficiency of Brazilian airports[J]. Transportation Research Part A, 2003, 37: 667-680.
[37] Coldren G M, Koppelman F S. Modeling the competition among air-travel itinerary shares: GEV model development[J]. Transportation Research Part A, 2005, 39: 345-365.
[38] Chen Y, Peng J L. Research on competitiveness evaluation of the airport logistics based on AHP[C]. 2nd International Conference on Information Science and Engineering, 2010: 483-486.
[39] Pujinda P. The competitiveness airport regions in Southeast Asia: the lesson from Two Arch Rivals in Europe[J]. Journal of Environmental Design and Planning, 2007, 2: 69-80.
[40] Hay S M, Barre J, Bell S N, et al. Redesigning an airport for international competitiveness: the politics of administrative innovation at CDG[J]. Journal of Air Transport Management,

1998，4（4）：189-199.

[41] Inglada V, Rey B, Rodriguez A A, et al. Liberalisation and efficiency in international air transport[J]. Transportation Research Part A, 2006, 40: 95-105.

[42] Takebayashi M. Evaluation of Asian airports as gateways: application of network equilibrium model[J]. Pacific Economic Review, 2011, 16（1）: 64-82.

[43] Barrett S D. Airport competition in the deregulated European aviation market[J]. Journal of Air Transport Management, 2000, 6: 13-27.

[44] Veldhuis J, Essers I. The integrated airport competition model, 1998[J]. Journal of Air Transportation World Wide, 1999, 4（2）: 100-130.

[45] McLay P, Reynolds F A. Competition between airport terminals: the issues facing Dublin Airport[J]. Transportation Research Part A, 2006, 40: 181-203.

[46] Pels E, Nijkamp P, Rietveld P. Access to and competition between airports: a case study for the San Francisco Bay area[J]. Transportation Research Part A, 2003, 37: 71-83.

[47] Martin J C, Roman C. Hub location in the South-Atlantic airline market: a spatial competition game[J]. Transportation Research Part A, 2003, 37: 865-888.

[48] Malighetti P, Paleari S, Redondi R. Connectivity of the European airport network: "self-help hubbing" and business implication[J]. Journal of Air Transport Management, 2008, 14（2）: 53-65.

[49] 林华. 珠三角机场的联盟之路[J]. 机场, 2004, 3: 42-44.

[50] 张建森. 关于港深机场联盟的研究[J]. 航空运输, 2010, 5: 39-43.

[51] 刘正. 民航改革催生机场联盟[J]. 机场, 2003, 12: 53-54.

[52] 孙永强. 再说长三角机场联盟[J]. 空运商务, 2007, 12: 7-9.

[53] 任新惠. 让机场联盟发挥真正的合力作用[N]. 中国民航报, 2012, 7, 9（05）.

[54] 隋秀勇. 机场联盟蹒跚起步[J]. 中国产业, 2010, 7: 36-37.

[55] 周扬. 东北机场联盟同床异梦[N]. 21世纪经济报道, 2010, 7, 30（19）.

[56] 韦薇, 夏洪山. 对整合长三角机场群资源 促进协调发展的思考[J]. 交通与计算机, 2008, 26（4）: 120-124.

[57] Forsyth P, Niemeier H M, Wolf H. Airport alliances and mergers—structural change in the airport industry?[J]. Journal of Air Transport Management, 2011, 17: 49-56.

[58] Albers S, Koch B, Ruff C. Strategic alliances between airlines and airports—theoretical assessment and practical evidence[J]. Journal of Air Transport Management, 2005, 11: 49-58.

[59] Pitt M, Werven M V, Price M. Airport facilities management alliances: problems of competition and complexity[J]. Journal of Retail & Leisure Property, 2011, 9（5）: 391-400.

[60] Wu W W. Choosing knowledge management strategies by using a combined ANP and DEMATEL approach[J]. Expert System with Applications, 2008, 35: 828-835.

[61] Kim Y. Study on impact mechanism for beef cattle farming and importance of evaluating agricultural information in Korea using DEMATEL, PCA and AHP[J]. Agricultural Information Research, 2006, 15（3）: 267-280.

[62] Shieh J I, Wu H H, Huang K K. A DEMATEL method in identifying key success factors of hospital service quality[J]. Knowledge-Based Systems, 2010, 23: 277-282.

[63] Tseng M L, Lin Y H. Application of fuzzy DEMATEL to develop a cause and effect model of municipal solid waste management in Metro Manila[J]. Environmental Monitoring and Assessment, 2009, 158: 519-533.

[64] Tseng M L. A causal and effect decision making model of service quality expectation using grey-fuzzy DEMATEL approach[J]. Expert System with Application, 2009, 36: 7738-7748.

[65] Lin C L, Tzeng G H. A value-created system of science (technology) park by using DEMATEL[J]. Expert System with Application, 2009, 36: 9683-9679.

[66] Yang J L, Tzeng G H. An integrated MCDM technique combined with DEMATEL for a novel cluster-weighted with ANP method[J]. Expert System with Application, 2011, 38: 1417-1421.

[67] Wu W W, Lee Y T. Developing global managers' competencies using the fuzzy DEMATEL method[J]. Expert System with Application, 2007, 32: 499-507.

[68] Tzeng G H, Chiang C H, Li C W. Evaluating intertwined effects in e-learning programs: a novel hybrid MCDM model based on factor analysis and DEMATEL[J]. Expert System with Application, 2007, 32: 1028-1044.

[69] Chang B, Chang C W, Wu C H. Fuzzy DEMATEL method for developing supplier selection criteria[J]. Expert System with Application, 2011, 38: 1850-1858.

[70] Li C W, Tzeng G H. Identification of a threshold value for the DEMATEL method using the maximum mean de-entropy algorithm to find critical services provided by a semiconductor intellectual property mall[J]. Expert System with Application, 2009, 36: 9891-9898.

[71] Tsai W H, Chou W C. Selecting management systems for sustainable development in SMEs: a novel hybrid model based on DEMATEL, ANP, and ZOGP[J]. Expert System with Application, 2009, 36: 1444-1458.

[72] Chen J K, Chen I S. Using a novel conjunctive MCDM approach based on DEMATEL, fuzzy ANP, and TOPSIS as an innovation support system for Taiwanese higher education[J]. Expert System with Application, 2010, 37: 1981-1990.

[73] Tseng M L. Using the extension of DEMATEL to integrate hotel service quality perceptions into a cause-effect model in uncertainty[J]. Expert System with Application, 2009, 36: 9015-9023.

[74] 吴微. 神经网络计算[M]. 北京: 高等教育出版社, 2007.

[75] 飞思科技产品研发中心. 神经网络理论与 MATLAB 7 实现[M]. 北京: 电子工业出版社, 2005.

[76] 王军. 产业组织演化理论及实证研究[D]. 济南: 山东大学博士学位论文, 2006.

[77] 王洁. 产业聚集理论与应用的研究[D]. 上海: 同济大学博士学位论文, 2007.

[78] 崔强, 武春友, 匡海波. 中国空港可持续发展能力评价研究[J]. 科研管理, 2012, 33 (4): 55-61.

[79] 何苗. 基于分形理论的农业产业集群形成机理研究[D]. 开封: 河南大学硕士学位论文, 2009.

[80] 斯蒂芬·格瑞理. 顶级竞争力[M]. 北京: 东方出版社, 2008.

[81] 倪鹏飞，等. 2010 年中国城市竞争力蓝皮书：中国城市竞争力报告[M]. 北京：社科文献出版社，2010.
[82] 刘炳胜，王雪青，曹琳剑. 基于 SEM 和 SD 组合的中国建筑产业竞争力动态形成机理仿真[J]. 系统工程理论与实践，2010，30（11）：2063-2070.
[83] 赵璟，党兴华. 系统动力学模型在城市群发展规划中的应用[J]. 系统管理学报，2008，(4)：395-408.
[84] 杨黎萌，刘开第. BP 神经网络在房地产估价中的应用[J]. 河北建筑科技学院学报，2004，21（2）：105-109.
[85] 傅毓维，尹航，杨贵彬. BP 神经网络在企业经营绩效评价中的应用[J]. 运筹与管理，2006，15（4）：137-140.
[86] 郭阳. PSO_BP 神经网络在商业银行信用风险评估中的应用研究[D]. 厦门：厦门大学硕士学位论文，2009.
[87] 史成东，陈菊红，郭福利. 粗糙集和 BP 神经网络在供应链绩效评价中的应用研究[J]. 软科学，2008，22（3）：9-13.
[88] 汪克亮，杨力，查甫更. 改进 BP 神经网络在企业网络营销绩效评价中的应用[J]. 商业研究，2008，(3)：64-68.
[89] 邓宝，宋瑞. 基于 BP 神经网络的安全评价方法研究[J]. 安全与环境工程，2005，12（2）：61-64.
[90] 赵冰. 基于 BP 神经网络的港口竞争力评价研究[D]. 大连：大连海事大学硕士学位论文，2008.
[91] 李明月，赖笑娟. 基于 BP 神经网络方法的城市土地生态安全评价[J]. 经济地理，2011，31（2）：289-293.
[92] 戴丹. BP 神经网络用于市场预测的研究[D]. 武汉：武汉理工大学硕士学位论文，2006.
[93] 李旭军. BP 神经网络在经济预测中的应用[D]. 武汉：华中师范大学硕士学位论文，2008.
[94] 李霞. 基于 BP 神经网络的销售预测研究[D]. 上海：上海交通大学硕士学位论文，2012.
[95] 雷可为，陈瑛. 基于 BP 神经网络和 ARIMA 组合模型的中国入境游客量预测[J]. 旅游学刊，2007，(4)：20-25.
[96] 褚诚山，张宏伟，郭军. 基于遗传算法和 BP 神经网络的用水量预测[J]. 中国农村水利水电，2006，(4)：36-38.
[97] 杨淑娥，黄礼. 基于 BP 神经网络的上市公司财务预警模型[J]. 系统工程理论与实践，2005，(1)：12-17.
[98] 金成晓，俞婷婷. 基于 BP 神经网络的我国制造业产业安全预警研究[J]. 北京工业大学学报，2010，10（1）：8-16.
[99] 范秋芳. 基于 BP 神经网络的中国石油安全预警研究[J]. 运筹与管理，2007，16（5）：100-105.
[100] 张兰霞，王俊，张燕，等. 基于 BP 神经网络的人力资源管理风险预警模型[J]. 南开管理评论，2007，10（6）：78-85.
[101] 朱彩荣，倪宗瓒. BP 神经网络的科研基金效果影响因素[J]. 现代预防医学，2002，29（2）：132-134.
[102] 姜林奎，付存军，曹玉昆. 基于 BP 方法的企业核心竞争力关键因素探析[J]. 哈尔滨工程

大学学报，2009，30（10）：1188-1193.
[103] 赵向红，李沛，李朝峰. 基于 BP 神经网络的居民生活质量影响因素分析[J]. 江南大学学报（自然科学版），2012，11（6）：642-646.
[104] 李英龙，Gama C D D. 基于 BP 网络的矿业因素分析方法的再研究[C]. 第六届全国采矿学术会议文集，1999：642-644.
[105] 刘志刚，许少华. 基于混合量子遗传算法的过程神经元网络训练[J]. 计算机应用研究，2009，26（8）：2888-2890.
[106] Narayanan A，Moore M. Quantum-inspired genetic algorithm[C]. Proceedings of IEEE International Conference on Evolutionary Computation，Nagoya，Japan，1996：61-66.
[107] Han K H，Kim J H. Genetic quantum algorithm and its application to combinational optimization problem[C]. Proceedings of the International Congress on Evolutionary Computation. IEEE Press，2000：1354-1360.
[108] Han K H，Kim J H. Quantum-inspired evolutionary algorithm for a class of combinatorial optimization[J]. IEEE Transactions on Evolutionary Computation，2002，6（6）：580-593.
[109] 潘振东，唐加福，韩毅. 带货物权重的车辆路径问题及遗传算法[J]. 管理科学学报，2007，10（3）：23-29.
[110] 陈南祥，李跃鹏，徐晨光. 基于多目标遗传算法的水资源优化配置[J]. 水利学报，2006，37（3）：308-313.
[111] 丁书斌. 基于混合遗传算法的车间调度方法研究与应用[D]. 大连：大连理工大学硕士学位论文，2006.
[112] 冯红娟. 基于遗传算法的车间作业调度问题研究[D]. 长春：长春理工大学硕士学位论文，2008.
[113] 王少波，解建仓，孔珂. 自适应遗传算法在水库优化调度中的应用[J]. 水利学报，2006，37（4）：480-485.
[114] 郎茂祥，胡思继. 用混合遗传算法求解物流配送路径优化问题的研究[J]. 中国管理科学，2002，10（5）：51-56.
[115] 王成宝，任传祥，尹唱唱，等. 基于遗传算法的 BP 神经网络短时交通流预测[J]. 山东交通科技，2012，5：5-12.
[116] 叶枫，孙科达. 基于遗传算法的 BP 神经网络模型在道路交通事故宏观预测中的应用[J]. 浙江工业大学学报，2008，36（3）：338-342.
[117] 迟宝明，林岚，丁元芳. 基于遗传算法的 BP 神经网络模型在地下水动态预测中的应用研究[J]. 工程勘察，2008，9：36-41.
[118] 吴建生，金龙，农吉夫. 遗传算法 BP 神经网络的预报研究和应用[J]. 数学的实践与认识，2005，35（1）：83-88.
[119] 李士勇，李盼池. 量子计算与量子优化算法[M]. 哈尔滨：哈尔滨工业大学出版社，2009.
[120] Li P C，Li S Y. Quantum-inspired evolutionary algorithm for continuous spaces optimization[J]. Chinese Journal of Electronics，2008，17（1）：80-84.
[121] 李士勇，李盼池. 基于实数编码和目标函数梯度的量子遗传算法[J]. 哈尔滨工业大学学报，2006，38（8）：1216-1218.
[122] Feynman R P. Simulating physics with computers[J]. International Journal of Theoretical

Physics, 1982, 21 (6/7): 467-488.

[123] 乔双, 董智红. BP 网络初始权值的选取方法[J]. 东北师大学报（自然科学版）, 2004, 36 (3): 25-30.

[124] 闽泉, 叶水生, 郭荣传, 等. 利用量子遗传算法改进 BP 学习算法[J]. 计算机系统应用, 2009, 5: 53-55.

[125] 曹茂俊, 尚福华. 基于双链量子遗传算法的过程神经元网络训练[J]. 计算机测量与控制, 2010, 18 (2): 407-410.

[126] 杨英宝, 钟山. 中国民航运输机场分类问题的初步探讨[J]. 机场, 2004, 11: 39-42.

[127] Prahalad C K, Hamel G. Chapter 3-The Core Competence of the Corporation[J]. Knowledge & Strategy, 1999, 68 (3), 41-59.

[128] 张维迎. 竞争力与企业成长[M]. 北京: 北京大学出版社, 2006.

[129] 金碚. 竞争力经济学[M]. 广州: 广东经济出版社, 2003.

[130] 张志强, 吴健中. 企业竞争力及其评价[J]. 管理现代化, 1999, (1): 24-25.

[131] 李显君. 国富之源——企业竞争力[M]. 北京: 企业管理出版社, 2002.

[132] Albert R, Barabási A L. Statistical Mechanics of Complex Networks[M]. Department of Physics Notre Dame, 2001.

[133] 刘建香. 复杂网络及其在国内研究进展的综述[J]. 系统科学学报, 2009, 17 (4): 31-37.

[134] Watts D J, Strogatz S H. Collective dynamics of 'small world' networks[J]. Nature, 1998, 393: 440- 442.

[135] Barabasi A L, Albert R. Emergence of scaling in random networks[J]. Science, 1999, 286: 509- 512.

[136] 王文旭. 复杂网络的演化动力学及网络上的动力学过程研究[D]. 合肥: 中国科学技术大学博士学位论文, 2007.

[137] 湛文涛, 纪庆群. 复杂网络上演化博弈动力学研究综述[J]. 计算机光盘软件与应用, 2012, 22: 75-76.

[138] Szabo G, Toke C. Evolutionary prisoner's dilemma game on a square lattice[J]. Physical Review E, 1998, 58 (1): 68-69.

[139] 杨阳, 荣智海, 李翔. 复杂网络演化博弈理论研究综述[J]. 复杂系统与复杂性科学, 2008, 5 (4): 47-54.

[140] Guimera R, Mossa S, Turtschi A, et al. The worldwide air transportation network: anomalous centrality, community structure, and cities' global roles[J]. Proceedings of the National Academy of Scien, 2005, 102 (22): 7794-7799.

[141] Li W, Cai X. Statistical analysis of airport network of China[J]. Physical Review E, 2004, 69 (4): 1-6.

[142] Bagler G. Analysis of the airport network of India as a complex weighted network[J]. Physica A, 2008, 387 (12): 2972-2980.

[143] 刘永奎. 复杂网络及其网络上的演化动力学研究[D]. 西安: 西安电子科技大学博士学位论文, 2010.

[144] Chen X J, Fu F, Wang L. Promoting cooperation by local contribution under stochastic win-stay-lose-shift mechanism[J]. Physica A Statistical Mechanics & Its Applications, 2008,

387（22）：5609-5615.
[145] Chen C T. Extensions of the TOPSIS for group decision-making under fuzzy environment[J]. Fuzzy Sets and Systems，2000，114（1）：1-9.
[146] 杨英宝，钟山. 中国民航运输机场分类问题的初步探讨[J]. 机场，2004，11：39-42.
[147] Cui Q，Kuang H B，Li Y. The evaluation of dynamic airport competitiveness based on IDCQGA-BP algorithm[J]. Mathematical Problems in Engineering，2013，(4)：1-8.

作者近期发表的与本专著密切相关的论文

1. Qiang Cui*, Ye Li, Jing-ling Lin. Pollution abatement costs change decomposition for airlines: an analysis from a dynamic perspective. Transportation Research Part A, 2018, 111: 96-107. (SCI/SSCI)

2. Qiang Cui*, Ye Li. Airline efficiency measures under CNG2020 strategy: an application of a Dynamic By-production model. Transportation Research Part A, 2017, 106: 130-143. (SCI/SSCI)

3. Qiang Cui*, Ye Li. Airline efficiency measures using a Dynamic Epsilon-based Measure model. Transportation Research Part A, 2017, 100: 121-134. (SCI/SSCI)

4. Qiang Cui. Will airlines' pollution abatement costs be affected by CNG2020 strategy: an analysis through a network environmental production function. Transportation Research Part D, 2017, 57: 141-154. (SCI/SSCI)

5. Qiang Cui*, Ye Li, Yi-ming Wei. Exploring the impacts of EU ETS on the pollution abatement costs of European airlines: an application of network environmental production function. Transport Policy, 2017, 60: 131-142. (SSCI)

6. Qiang Cui*, Ye Li. Will airline efficiency be affected by "Carbon Neutral Growth from 2020" strategy? Evidences from 29 international airlines. Journal of Cleaner Production, 2017, 164c: 1289-1300. (SCI)

7. Qiang Cui*, Ye Li. CNG2020 strategy and airline efficiency: a network epsilon-based measure with managerial disposability. International Journal of Sustainable Transportation, 2017: 1-11. (SCI)

8. Qiang Cui*, Ye Li. Airline environmental efficiency measures considering materials balance principles: an application of a network range-adjusted measure with weak-G disposability. Journal of Environmental Planning and Management, 2017, 1: 1-21. (SSCI)

9. Ye Li, Qiang Cui*. Carbon neutral growth from 2020 strategy and airline environmental inefficiency: a network range adjusted environmental data envelopment analysis. Applied Energy, 2017, 199c: 13-24. (SCI)

10. Qiang Cui. Environmental efficiency measures for ports: an application of

RAM-Tobit-RAM with undesirable outputs. Maritime Policy & Management, 2017, 44 (7): 551-564. (SSCI)

11. Xin Xu, Qiang Cui*. Evaluating airline energy efficiency: an integrated approach with Network Epsilon-based Measure and Network Slacks-based Measure. Energy, 2017, 122: 274-286. (SCI/SSCI)

12. Qiang Cui*, Yi-ming Wei, Ye Li. Exploring the impacts of EU ETS emission limits on airline performance via Dynamic Environmental DEA approach. Applied Energy, 2016, 183: 984-994. (SCI)

13. Qiang Cui, Ye Li*. Airline energy efficiency measures considering carbon abatement: a new strategic framework. Transportation Research Part D, 2016, 49: 246-258. (SCI/SSCI, ESI 前 1%高被引论文)

14. Qiang Cui*, Yi-ming Wei, Chen-lu Yu, Ye Li. Measuring the energy efficiency for airlines under the pressure of being included into the EU ETS. Journal of Advanced Transportation, 2016, 50 (8): 1630-1649. (SCI)

15. Qiang Cui*, Ye Li, Chen-lu Yu, Yi-ming Wei. Evaluating energy efficiency for airlines: an application of Virtual Frontier Dynamic Slacks Based Measure. Energy, 2016, 113: 1231-1240. (SCI/SSCI)

16. Qiang Cui*, Yi-ming Wei, Ye Li, Wei-xia Li. Exploring the differences in the airport competitiveness formation mechanism: evidence from 45 Chinese airports during 2010-2014. Transportmetrica B: Transport Dynamics, 2017, 5 (3): 325-341. (SCI)

17. Qiang Cui*, Ye Li, Yi-ming Wei. Comparison analysis of airline energy efficiency under weak disposability and strong disposability using a Virtual Frontier Slack Based Measure model. Transportation Journal, 2018, 57(1): 112-135 (SSCI)

18. Ye Li, Qiang Cui*. Airline energy efficiency measures using the Virtual Frontier Network RAM with weak disposability. Transportation Planning and Technology, 2017, 44 (4): 479-504. (SCI)

19. Ye Li, Yan-zhang Wang, Qiang Cui*. Evaluating airline efficiency: an application of Virtual Frontier Network SBM. Transportation Research Part E, 2015, 81: 1-17. (SCI/SSCI)

20. Ye Li, Yan-zhang Wang, Qiang Cui*. Has airline efficiency affected by the inclusion of aviation into European Union Emission Trading Scheme? Evidences from 22 airlines during 2008-2012. Energy, 2016, 96c: 8-22. (SCI/SSCI, ESI 1%高引论文).

21. Ye Li, Yan-zhang Wang, Qiang Cui*. Energy efficiency measures for airlines:

an application of Virtual Frontier Dynamic RAM. Journal of Renewable and Sustainable Energy, 2016, 8 (1): 1-13. (SCI)

22. Qiang Cui*, Ye Li. An empirical study on the influencing factors of transportation carbon efficiency: evidences from fifteen countries. Applied Energy, 2015, 141: 209-217. (SCI/SSCI)

23. Qiang Cui*, Ye Li. Evaluating energy efficiency for airlines: an application of VFB-DEA. Journal of Air Transport Management, 2015, 44-45: 34-41. (SSCI, ESI 1%高引论文)

24. Qiang Cui*, Ye Li. The change trend and influencing factors of civil aviation safety efficiency: the case of Chinese airline companies. Safety Science, 2015, 75: 56-63. (SCI)

25. Qiang Cui*, Ye Li. An empirical study on energy efficiency improving capacity: the case of fifteen countries. Energy efficiency, 2015, 8: 1049-1062. (SSCI)

26. Qiang Cui*, Ye Li. The evaluation of transportation energy efficiency: an application of three-stage virtual frontier DEA. Transportation Research Part D, 2014, 29: 1-11. (SCI/SSCI)

27. Qiang Cui*, Hai-bo Kuang, Chun-you Wu, Ye Li. The changing trend and influencing factors of energy efficiency: the case of nine countries. Energy, 2014, 64 (1): 1016-1034. (SCI/SSCI)

28. Qiang Cui*, Hai-bo Kuang, Chun-you Wu, Ye Li. Dynamic formation mechanism of airport competitiveness: the case of China. Transportation Research Part A, 2013, 47 (1): 10-18. (SCI/SSCI)

29. Qiang Cui*, Hai-bo Kuang, Ye Li. The evaluation of dynamic airport competitiveness based on IDCQGA-BP algorithm. Mathematical Problems in Engineering, 2013, 2013 (2): 1-8. (SCI)

30. Qiang Cui*, Chun-you Wu, Hai-bo Kuang. Airport alliance decision-making based on game dynamics on small-world complex network. Journal of Information & Computational Science, 2013, 10 (2): 527-537. (EI)

31. 崔强*, 武春友, 匡海波. BP-DEMATEL 在空港竞争力影响因素识别中的应用. 系统工程理论与实践, 2013, 33 (6): 1471-1478.

32. 崔强*, 武春友, 匡海波. 中国空港可持续发展能力评价研究. 科研管理, 2012, 33 (4): 55-61.

33. 崔强*, 武春友, 匡海波. 基于 RBF-DEMATEL 的交通运输低碳化能力影响因素研究. 科研管理, 2013, 34 (10): 131-137.

34. 崔强*，武春友，匡海波. 基于熵值 Topsis 和博弈动力学的空港联盟决策研究. 运筹与管理，2014，23（2）：191-197.

35. 崔强*，匡海波. 基于小世界网络博弈的空港联盟准入算法. 系统工程学报，2015，30（1）：1-8.

36. 崔强*，李烨，匡海波. 基于信任和演化博弈的空港联盟退出算法研究. 系统工程理论与实践，2015，35（8）：2034-2043.

注：*表示通讯作者。

附录一　我国主要空港的基本情况

一、北京首都国际机场

北京首都国际机场，简称"首都机场"，代号"PEK"，位于中国北京市顺义区（朝阳区现状管辖），于 1958 年投入使用，是中国首个投入使用的民用机场，也是中国历史上第四个开通国际航班的机场。首都机场已经跻身全球最繁忙机场排行榜，到 2009 年，它已成为亚洲最繁忙机场，自 2010 年以来，它已成为全球客运量第二大的机场。当今，首都机场已成为中国最重要、规模最大、设备最先进、运输生产最繁忙的大型国际航空港，也是中国的空中门户和对外交流的重要窗口。

1. 发展概况

首都机场建成于 1958 年，建成时仅有一座小型候机楼，现在称为机场南楼，主要用于 VIP（very important person，贵宾）乘客和包租的飞机。从 1965 年开始，首都机场先后进行了三期共 8 次大规模的改扩建。

1965 年，规划建设面积为 6 万平方米的 T1 航站楼及停车坪、楼前停车场等配套工程，于 1980 年 1 月 1 日建成并投入使用。扩建完成后，首都机场飞行区域设施达到国际民航组织规定的 4E 标准。T1 航站楼是按照每日起降飞机 60 架次、高峰小时旅客吞吐量 1500 人次进行设计的，只有 10 个登机口，整体规模较小。随着客流量的不断增大，T1 航站楼客流量日趋饱和。1995 年 10 月，重新规划的 T2 航站楼开始建设，建筑面积达 33.6 万平方米，并于 1999 年 11 月 1 日正式投入使用，同时 T1 航站楼停用重修。T2 航站楼比 T1 航站楼大得多，可以同时处理 20 架飞机的停靠，每年可接待超过 2650 万人次的旅客，高峰小时旅客吞吐量可达 9210 人次。

为迎接北京奥运会的到来和满足不断增长的客流量，2004 年 3 月 26 日，以 T3 航站楼建设为主的三期工程正式启动。同年 9 月，整修一新的 T1 航站楼重新开放，专门为中国南方航空股份有限公司（以下简称中国南方航空）和厦门航空有限公司（以下简称厦门航空）的国内航班使用。2017 年 12 月，耗资 270 亿元的 T3 航站楼建设完工。随后，在试运行不足 2 个月的时间里，首都机场全力组织了 6 次近万人的大规模演练，最终实现了 T3 航站楼的成功接收和顺畅运营。T3 航站楼投入使用后，首都机场的旅客吞吐的设计总量增长为8550万人次。同时，硬件设施的完备也使得首都机场成为亚太地区首个也是唯一一家拥有 3 个航站楼、3 条跑道、双塔台同时运行的机场，跨入世界超大型机场行列。

2016 年，首都机场旅客吞吐量突破 9000 万人次大关，为缓解运输资源紧张，保障航班"正点率"，首都机场启动了第四跑道的建设。第四跑道位于东跑道的东侧，与现有 3 条跑道平行，长 3000 米，宽约 60 米，将于近期投入使用。另外，由于首都机场航班时刻逐渐饱和，为缓解客流压力，北京将新建一座机场，位于北京市大兴区，主要建设 4 条跑道和 70 万平方米的航站楼，计划于 2019 年建成并投入运营。

2. 硬件设施

首都机场飞行区为 4F 级，拥有 2 条 4E 级跑道和 1 条 4F 级跑道，长宽分别为 3800 米×60 米、3200 米×50 米、3800 米×60 米，机位共 314 个，参见附表 1.1。

附表 1.1　首都机场航站楼及跑道信息表

航站楼	总建筑面积/万平方米	设计容量/万人次	机位数量/个	投用日期
T1 航站楼	7.8	3550	164	1980 年 1 月 1 日
T2 航站楼	33.6			1999 年 11 月 1 日
T3 航站楼	100	5000	150	2018 年 2 月 29 日
跑道	等级	长度/米	宽度/米	表面
18L/36R	4E	3800	60	沥青
18R/36L	4E	3200	50	沥青
01/19	4F	3800	60	混凝土

首都机场拥有 T1、T2、T3 三座航站楼，面积共计 141.4 万平方米，可满足约 9000 万人次的年旅客吞吐量。其中 T1 航站楼面积为 7.8 万平方米，有 16 个登机口，为海南航空集团国内航班专用，包括海南航空股份有限公司（以下简称海南航空）、大新华航空有限公司、大新华快运航空有限公司、北京首都航空有限公司（以下简称首都航空）、天津航空有限责任公司。T2 航站楼面积为 33.6 平方米，拥有一个能够容纳 A380 机型的 21 号登机口，航站楼主要为中国东方航空股份有限公司（以下简称中国东方航空）、中国南方航空、厦门航空、深圳航空有限

责任公司（以下简称深圳航空）、重庆航空有限责任公司、海南航空国际航班，以及天合联盟的外航和非联盟的外航服务。T3 航站楼总体规模要比 T1、T2 航站楼大得多，能承载空中客车 A380 等新型超大型客机起降，总建筑面积 100 万平方米，由一个主客运楼（3C）和两个卫星大厅（3D 和 3E）组成，主楼建筑面积为 58 万余平方米，目前已成为国内面积最大的单体建筑，也是世界上第二大机场航站楼，仅次于迪拜国际机场 3 号航站楼。T3 航站楼的一大亮点是有一个造价 2.4 亿美元的行李转运系统，该系统以每秒 10 米的速度传送，每小时可处理 19 200 件行李。T3 航站楼主要为中国国际航空股份有限公司（以下简称中国国际航空）、深圳航空、山东航空股份有限公司、上海航空股份有限公司（以下简称上海航空）、四川航空股份有限公司（以下简称四川航空）及星空联盟的外航、寰宇一家的外航和非联盟的外航服务。

此外，在 T3 航站楼西侧，还建有一座专机候机楼，建筑面积为 6600 平方米，造价 6 亿元，主要用于政府出行，以及接待外国家元首、政府首脑来访等正式活动。在 T3 航站楼南端，还有一座 98.3 米的监测塔，是机场内最高的建筑物。

首都机场的地面交通系统也相对完善，T3 航站楼主楼与各卫星厅之间自动有旅客捷运系统（automated people mover，APM）相连接，时速可达每小时 55 千米。另外，机场内也有免费班车定时来回于 3 个航站楼。北京地铁交通系统通过机场快线与首都机场相连接，该线路共 4 站，长 28 千米，单程只需 16～20 分钟。

3. 航线航点

首都机场拥有 6 家基地航空公司，分别为中国国际航空、中国东方航空、中国南方航空、海南航空、首都航空、顺丰航空有限公司。厦门航空在北京朝阳区设立分公司。首都机场有 102 家航空公司运营，其中 28 家国内航空公司，74 家国外航空公司，航线通达国内 140 个航点及国际和地区 132 个主要城市，国内外航线达 252 条。此外，首都机场还与 33 个国际机场缔结了友好机场。

4. 航运能力

首都机场作为亚洲第一、世界第二的超大型枢纽机场，其航运能力远高于国内其他机场。从 1958 年至今，首都机场已运营 60 多年，其年旅客吞吐量从 1978 年的 103 万人次增长到 2016 年的 9439.30 万人次，实现了九十几倍的增长（附表 1.2）。2010 年首都机场旅客吞吐量达到 7377 万人次，成为仅次于美国亚特兰大哈兹菲尔德-杰克逊国际机场的全球第二繁忙航空枢纽，此后，首都机场的旅客吞吐量连续 8 年稳居世界第二。

附表 1.2　2014~2017 年首都机场吞吐量数据表

年份	旅客吞吐量/万人次	同比增长/%	货邮吞吐量/万吨	同比增长/%	起降架次/万架次	同比增长/%
2017	9578.63	1.5	202.96	4.4	59.73	−1.5
2016	9439.30	5.0	194.32	2.8	60.61	1.9
2015	8993.90	4.4	188.94	2.2	59.48	2.2
2014	8612.83	2.9	184.83	0.2	58.20	2.5

2012 年首都机场的旅客吞吐量首次突破 8000 万人次，2013 年为 8350 万人次，2014 年达到 8612.83 万人次，2015 年上升至 8993.90 万人次，四年时间增长了接近 1000 万人次，一年一个新台阶。航空运输作为社会发展的晴雨表，这个数字表明，中国的发展依然保持着较快速度。2016 年 12 月 14 日，首都机场年旅客吞吐量正式突破 9000 万人次大关，达 9439.30 万人次，较上年增长 5%，连续第 7 年位居世界第二；货邮吞吐量达 194.32 万吨，较上年增长 2.8%，位居全球第 15 名；飞机起降架次达 60.61 万架次，较 2015 年增长 1.9%，连续 3 年位居世界前 5。2017 年，首都机场的客流量创下了约 9579 万人次的新纪录，这个全球第二繁忙的航空枢纽，连续 5 年客运量上涨，逐渐缩小与排名第一的亚特兰大哈兹菲尔德-杰克逊国际机场之间的差距；货邮吞吐量也首次突破了 200 万吨，较上年增长 4.4%；虽然飞机起降架次下降了 1.5%，但依然保持全球第 5 的名次。

首都机场作为我国最大的空中门户，不仅给北京市和京津冀地区经济社会发展带来巨大的效益，也带动了我国的产业发展和经济发展。未来，首都机场将以"打造大型国际枢纽、助力世界城市建设"为目标，在加快自身发展的同时，积极实现与区域经济发展目标的统一，服务于国家建设和北京市经济发展，推动区域经济的发展。

二、上海浦东国际机场

上海浦东国际机场，简称"浦东机场"，代号 PVG，位于上海市浦东新区滨海地带，占地面积约 40 平方千米，距上海市中心约 30 千米，与上海虹桥国际机场分别位于上海市中心东西两侧，相距 52 千米。浦东机场是我国长江三角洲地区国际航空货运枢纽群成员，华东机场群成员，我国华东区域的第一大枢纽机场、门户机场，也是世界超大型枢纽机场之一。在国内，其航空运量仅次于首都机场，并与首都机场、香港国际机场并称为中国三大国际机场。

1. 发展概况

浦东机场一期工程于 1997 年 10 月全面开工，耗资 120 亿元，到 1999 年 9 月建成通航。一期主要建有 T1 航站楼、一条 4000 米×60 米的 4E 级跑道、两条平行滑行道及 80 万平方米的机坪。当时，T1 航站楼是以到 2005 年能满足年旅客吞吐量 2000 万人次及点对点的航班使用要求进行设计和建设的。到了 2008 年，根据浦东机场总体规划，T1 航站楼将与 S1 卫星厅形成一体，年旅客处理量已达到 3600 万人次以上，因此必须对 T1 航站楼进行改造扩建。改造项目于 2012 年底开工，历时 3 年，于 2015 年底竣工，并在 2016 年上半年投入使用。改造后的 T1 航站楼总面积达 27.8 万平方米，由三层结构的主楼和候机长廊两大部分组成，并装备有导航、通信、监视、气象和后勤保障等服务系统，基本满足年飞机起降 30 万架次、年旅客吞吐量 3650 万人次的运输需求。

为满足上海地区航空业务量持续快速增长和建设上海航空枢纽的需要，浦东机场于 2005 年 12 月开启二期扩建工程，总投资 197 亿元，建设项目包括飞行区内当时已建成投运的第二条长 3800 米、宽 60 米的跑道，T2 航站楼第三条长 3400 米、宽 60 米的跑道，以及西货运区等配套工程。2008 年北京奥运会来临之前，二期工程建成并投入使用。其中，T2 航站楼位于 T1 航站楼东侧，总面积达 48.5 万平方米，由长 414 米、宽 138 米的主楼，以及长 1404 米、宽 42~65 米的前列式指廊两大部分组成，并由 7 万平方米的连廊相连接，有 42 座近机位登机桥和 25 个可转换机位，能满足 6000 万人次的航运需求。值得一提的是，T2 航站楼采用三层式结构，自上而下分为国际出发层、国际到达层和国内出发到达混流层等三个旅客活动层，既满足了基地航空公司及其联盟中枢运作的需要，也便于旅客中转。此外，按照形成"一体化航站楼"的理念，二期工程建设还在 T1 和 T2 航站楼之间建设了一个"一体化交通中心"，中心内设置了轨道交通、磁浮、长途汽车、公交车、出租车站点，以及停车库、候车室等交通功能，总体上为浦东机场形成世界级航空枢纽港奠定了基础。

随着中国（上海）自由贸易试验区（以下简称上海自贸区）的建设推进和上海迪士尼乐园的建成启用，浦东机场客流量持续递增，为了满足运输需要和增强航空枢纽运营功能，浦东机场规划了三期扩建工程。此次扩建规划不仅包括机场卫星厅的建设，还包括对 T1 航站楼的改造扩建。2015 年 12 月，浦东机场一期改造工程完工的同时，以机场卫星厅建设项目为主的三期扩建工程全面启动，总投资约 206 亿元，主要包括卫星厅工程、飞行区工程、生产辅助设施工程及市政配套工程等。其中卫星厅建筑面积约为 62 万平方米，能够提供 86~125 个机位，将成为世界上最大的单体卫星厅。卫星厅整体为工字型结构，其中西侧的 S1 与现有的 T1 航站楼联合运行，主要为东航、上航及天合联盟航空公司提供服务；东侧的 S2 与现有的 T2 航站楼联合运行，为中国国际航空、中国南方航空及星空联盟和其他航空公司提供服务，最终形成"南北一体，东西分置"的总体格局。此外，浦东机场将采用世界先进自动化地铁运维技术，建设连接两个主楼和卫星厅的

APM 系统。三期主体工程预计于 2019 年建成并投入使用，建成后将满足浦东机场的年旅客吞吐量 8000 万人次需要。

为了给更长远的发展留出空间，浦东机场还在航站区的东南方向规划了第二航站区。第二航站区将建造浦东机场的第六、第七、第八跑道和 2 座新航站楼，可实现年旅客吞吐量 4000 万人次。整个第二航站区建成后，预计能够满足 2035 年时浦东机场 1.6 亿人次的总吞吐量需要。

浦东机场扩建工程完成后，上海将形成以浦东机场为主、上海虹桥国际机场为辅的发展格局。浦东机场将成为我国大型航空枢纽机场，主要承担国际航班出发、到达和中转，国内转国际和国内转国内的中转飞行；而上海虹桥国际机场主要承担国内民航点对点的航班飞行，部分国内航班的中转，以及国际航班的备降功能，同时上海虹桥国际机场不会改为直升机机场。

2. 硬件设施

目前，浦东机场有 T1、T2 两座航站楼，航站区总面积 76.3 万平方米，T1 航站楼 27.8 万平方米，T2 航站楼 48.5 万平方米，可满足约 1 亿人次的年旅客吞吐量（附表 1.3）。拥有 149 万平方米的停机坪，3 个货运区，218 个机位（其中 135 个客机位），70 座登机桥（T1 航站楼 28 座，T2 航站楼 42 座）。飞行区等级为 4F 级，拥有跑道 4 条，分别为 3800 米 2 条、3400 米 1 条、4000 米 1 条。第五条跑道正在规划建设中，长 3400 米、宽 45 米，运行等级为 4E 级，未来将成为国产大飞机的试飞跑道，并且能够供除 A380 以外的所有飞机起降。

附表 1.3　浦东机场航站楼及跑道信息表

航站楼	总建筑面积/万平方米	设计容量/万人次	机位数量/个	投用日期
T1 航站楼	27.8	3 650	218	1999 年 9 月 16 日
T2 航站楼	48.5	6 000		2008 年 3 月 26 日
跑道	等级	长度/米	宽度/米	表面
17L/35R	4E	4 000	60	混凝土
16R/34L	4F	3 800	60	混凝土
17R/35L	4F	3 400	60	混凝土
16L/34R	4F	3 800	60	混凝土

3. 航线航点

浦东机场主要有中国东方航空、上海航空、上海吉祥航空股份有限公司、春秋航空股份有限公司等基地航空公司，此外，中国南方航空、中国国际航空等在上海设立分公司,并且是中国货运航空有限公司、中国南方货运航空、联邦快递、DHL航空公司、USP 航空公司等货运航空公司枢纽机场。上海两座机场定期航班通航49 个国家和地区的 280 个航点,其中,国内航点 156 个(包括港澳台航点 6 个),国际航点 124 个。2016 年,浦东机场通航全球 250 个城市,2017 年新增 47 个城市,通航全球 297 个城市。当前,浦东机场正积极推进枢纽建设,持续优化航线网络结构,努力提升浦东机场的国际航线网络通达性,重点发展国际远程航线。

4. 航运能力

在客运量上,浦东机场是我国第二大航空枢纽机场,也是世界超大型枢纽机场之一;在货运量上,浦东机场是我国最繁忙和全球前五大繁忙货运机场,从 2008 年以来,连续 10 年位居全球最繁忙货运机场榜第 3 名。从 2014 年至 2017 年,浦东机场的航空运量飞速发展,增长速度惊人。

2014 年,其旅客吞吐量突破 5000 万人次,挤进全球前 20 客运繁忙机场行列;货邮吞吐量也突破了 300 万吨,与第 2 名的孟菲斯国际机场相差 100 万吨左右(附表 1.4)。2015 年,浦东机场年旅客吞吐量再次突破 6000 万人次,增长 16.3%,排名国内第 2,全球 13 位,比上年上升了 6 个名次;2016 年,浦东机场的年旅客吞吐量达 6600 万人次,巩固了全国排名第二的地位,并挤进了全球前十大最繁忙客运机场。其中,浦东机场国际和地区旅客吞吐量占总客运量 50%以上,继续保持内地最大空中口岸地位,机场业务量增速在对标机场中也仍然保持领先。2017 年,浦东机场旅客吞吐量再次突破 7000 万人次,4 年实现了 3 个关卡飞跃,增长速度达到 6.1%;货运吞吐量达到 382.43 万吨,比上年增长 11.2%,飞机起降达到 49.68 万架次,比上年增长 3.5%,分别位居全球第 9、第 3、第 9 名。

附表 1.4 2014～2017 年浦东机场吞吐量数据表

年份	旅客吞吐量/万人次	同比增长/%	货邮吞吐量/万吨	同比增长/%	起降架次/万架次	同比增长/%
2017	7 000.12	6.1	382.43	11.2	49.68	3.5
2016	6 600.24	9.8	344.03	5.0	47.99	6.8
2015	6 009.81	16.3	327.52	2.9	44.92	11.7
2014	5 168.79	9.5	318.17	8.6	40.21	8.3

浦东机场的目标是建成一个集购物中心、休闲中心、会议中心于一体的现代化机场,成为具有国际竞争力的超大型航空枢纽中心。上海航空枢纽建设是上海国际航运中心建设的重要组成部分,更是上海服务"航空强国"国家战略的重大举措。

三、广州白云国际机场

广州白云国际机场，简称"白云机场"，代号"CAN"，地处广州市白云区人和镇、花都区新华街道和花东镇交界处，距广州市中心海珠广场的直线距离约28千米，占地面积为15平方千米，海拔15米。白云机场是国内三大门户复合型枢纽机场之一，是中南机场群中唯一核心门户枢纽机场，也是世界百强机场之一。

1. 发展概况

1933年11月，白云机场建成，机场原址位于广州市白云区西侧。最初主要用于军事目的，后改建成民用。1963年时，中国民用航空总局曾按国际化标准对旧白云机场进行大规模扩建，跑道、滑行道、停机坪等都翻修一新，于1967年竣工后新增面积72.53万平方米，并能起降波音720型飞机。改革开放后白云机场发展迅猛，其旅客吞吐量和起降架次曾连续8年位居全国第一。但由于旧白云机场位于市区中心，尽管经过数次扩建，仍远远无法满足需求，择新址建设新机场势在必行。

1992年就开始进行新机场的选址工作，经过多年准备，最终选址距市区北部28千米的花都区新华街道、花山镇、花东镇及白云区人和镇，占地规模比原机场大近5倍。新机场于2000年8月正式动工，耗资198亿元，是当时中国一次性投资最大的机场工程，也是国家"十五规划"重点项目。新机场经过四年的建设，于2004年8月2日竣工，并于同年8月5日零时正式启用，而服务了72年的旧白云机场也随之关闭。新机场也被称为"新白云"，以区别于旧机场。这是我国首个按照中枢机场理念设计和建设的航空港。

由于一期航站区是按满足2010年旅客吞吐量2500万人次要求设计，到2012年，白云机场旅客吞吐量已达到4830.9万人次，早已超出机场负荷量。因此，白云机场规划了二期工程，并于2013年2月正式动工。扩建工程总投资188.54亿元，以2020年为设计目标年，设计年旅客吞吐量为8000万人次、货邮吞吐量250万吨、飞机起降量62万架次，建设项目包括了第三条跑道及滑行系统、T2航站楼、站坪及空管、供油等配套设施。2015年2月5日，第三跑道已经投入运营，T2航站楼目前也已基本完工，已于2018年5月投入使用。

未来，白云机场还将加快第四、第五跑道、东四西四指廊、T3航站楼和APM系统建设的三期扩建工程，加快推进货运设施建设。同时，在T2航站楼南面还将建设地面交通中心和停车场。届时，机场内交通、轨道交通和机场外围高速路网连成一体，构建完整交通网络。扩建工程的建设将进一步满足珠三角及华南地区日益增长的航空运输需求，加快推进白云机场世界级航空枢纽建设步伐。

2. 硬件设施

白云机场目前有 1 座航站楼在使用，飞行区等级为 4F 级，有 2 条 4E 级跑道和 1 条 4F 级跑道，分别为长 3600 米、宽 45 米的 01/19 跑道，长 3800 米、宽 60 米的 02L/20R 跑道，以及 2015 年 2 月投入使用的 3800 米×60 米的 02R/20L 跑道，但由于 20R/02L 跑道距离原东跑道 02L/20R 太近，只能用于飞机着陆使用。此外，机场还有 138 个客机机位和 45 个货机机位（附表 1.5）。

附表 1.5　白云机场航站楼及跑道信息表

航站楼	总建筑面积/万平方米	设计容量/万人次	机位数量/个	投用日期
T1 航站楼	37.5	3 500	138＋45	2004 年 8 月
T2 航站楼	65.87	4 500		2018 年 5 月
跑道	等级	长度/米	宽度/米	表面
01/19	4E	3 600	45	混凝土
02L/20R	4E	3 800	60	混凝土
02R/20L	4F	3 800	60	混凝土

白云机场 T1 航站楼总面积 37.5 万平方米，由主楼、连接楼、指廊和高架连廊组成，共分四层，包括地上 3 层及地下 1 层，第三层为出发及候机大厅，共有 8 个进出口，的士和大巴均可直接停靠在航站楼出发大厅门口。第二层为到达夹层，第一层为到达及接机大厅，负一层则通往地铁及停车场。航站楼东西两面各有一个 450 米的弧形连廊，分别称为 A 区和 B 区，A、B 区各有 3 个指廊，两侧 60 米连续跨桥可将 A、B 两个连廊融为一体。从 2016 年 1 月起，A 区 1、2 指廊主要服务于国际航班，其余指廊则供国内航班使用。所有的值机柜台和大多数零售店都位于航站楼主楼，A、B 两个大厅则主要设置登机口、安全检查站、海关检查等相关设施。

T2 航站楼是白云机场最新建设具有独特标志性的世界级航站楼，总面积超过 60 万平方米，设计年旅客吞吐量为 4500 万人次，商业面积达 4.3 万平方米，值机柜台 397 个，停车位 5127 个（交通中心停车楼共 3771 个，室外停车场 1356 个）。T2 航站楼建成后将成为南航驻扎地，同时为中国东方航空、厦门航空、法国航空公司、韩国航空公司提供服务。T2 航站楼与 T1 航站楼融为一体，成为白云机场新的"双子航站楼"。

3. 航线航点

白云机场已与 70 家航空公司建立了业务往来，其中外航和地区公司 44 家，是中国南方航空、深圳航空、九元航空有限公司和广东龙浩航空有限公司等航空公司的基地机场,也是美国联合航空的货运航空枢纽机场。航线通达国内外 200 多个城市,其中国际及地区航点超过 80 个,通达全球 40 多个国家和地区,保障机型近 30 种。

4. 航运能力

新白云机场是我国第三繁忙的客运机场和货运机场,仅次于北京首都国际机场和上海浦东国际机场。从 2004 年启用以来,其客货吞吐量一直以飞快的速度增长,成功实现多次跨越。2004 年转场当年,即过 2000 万人次,2007 年又突破 3000 万人次,2010 年一举跨越 4000 万人次大关,2013 年破 5000 万人次大关,几乎以每 3 年旅客吞吐量净增 1000 万人次的增速发展。

近几年,其增长速度略有放缓,2015 年白云机场旅客吞吐量增长 0.8%,达 5520.19 万人次,排名全国第三,世界第 17;货邮吞吐量达到 153.78 万吨,同比增长 5.8%,排名全国第三和世界第 19;飞机起降架次达到 40.97 万架次,呈现负增长,略有下降。2016 年,机场旅客吞吐量接近 6000 万人次,同比增长 8.2%;货邮吞吐量增长 7.4%,达到 165.22 万吨;飞机起降架次达到 43.52 万架次,增长 6.2%,均位于国内前 4 名。2017 年,白云机场旅客吞吐量破 6000 万人次,同比增长 10%以上;货邮吞吐量增长 7.8%,接近 180 万吨;飞机起降架次达 46.53 万架次,均位于国内机场排行榜第 3 名,并成为全球第 13 大繁忙客运机场(附表 1.6)。

附表 1.6 2014~2017 年白云机场吞吐量数据表

年份	旅客吞吐量/万人次	同比增长/%	货邮吞吐量/万吨	同比增长/%	起降架次/万架次	同比增长/%
2017	6 580.70	10.2	178.04	7.8	46.53	6.9
2016	5 973.21	8.2	165.22	7.4	43.52	6.2
2015	5 520.19	0.8	153.78	5.8	40.97	−0.6
2014	5 478.03	4.4	145.40	11.0	41.22	4.5

白云机场区域作为广州市航空运输中心,是广州实现"北优、南拓、西联、东进"城市发展战略的重要依托。白云机场拉动了广州国际航线市场的全面发展,并且形成产业集中、资源优化的个性化城区,为广州建成有较强辐射力和吸引力的现代化中心城市奠定基础。

四、成都双流国际机场

成都双流国际机场,代号"CTU",位于中国西部四川省成都市双流区中心城区西南方向，距离成都市中心约 16 千米，有高速公路与市区相通。成都双流国际机场是中国西部地区最繁忙的民用枢纽机场，中国西部地区的航空枢纽和重要的客货集散地，也是中国大陆第四大航空枢纽，并正在积极打造连通中国西部和世界的国家级国际航空枢纽。

1. 发展概况

成都双流国际机场原名双桂寺机场，1938 年修建为军用机场。最初道面为泥面，仅供小型双翼飞机起降。1943 年，美国军队将双桂寺机场列为基地机场之一，并于次年用石灰、卵石等修建了一条 1400 米长的跑道，可供 15 吨以下飞机使用。1956 年 12 月 12 日，中央军委总参谋部批准将双桂寺机场划归民航使用，随即正式列为民航机场序列，并更名为"成都双流国际机场"。1957 年，成都民航的飞行由凤凰山机场转场至成都双流国际机场，开辟了成都至北京、太原、西安、重庆、昆明、贵阳、南充等航线。

1959 年至 1960 年机场第一次扩建，重修了一条长 2200 米的跑道，可供伊尔 18 机型、全重 100 吨以下的飞机起降；并建成一座 8500 平方米的候机楼，候机楼采用薄壳多拱结构，与高层指挥调度楼相连接的不对称形式，受到好评。1967 年机场再次进行跑道扩建工程，将跑道由 2200 米延长至 2600 米，但仍只能供 100 吨以下的飞机起降。1983 年、1991 年机场先后两次扩建，使候机楼的面积增至 17 400 平方米，配置储油、供油万吨以上的设施，以及航行管制、通信导航、气象预报、运输服务等配套设施。

1994～2001 年，机场先后对飞行区和航站区进行了大规模扩建，总投资达 28 亿元。此次扩建使飞行区等级指标达到 4E，跑道延长至 3600 米，并安装了 II 类精密进近灯光系统，可起降世界上包括波音 747-400 在内的各型飞机。2008 年 5 月汶川地震时期，世界最大的客机空中客车 A380 满载救灾物资在成都双流国际机场顺利降落，说明了机场具有起降世界最大型客机的能力。新建候机楼 82 000 平方米，设计采用平行三指廊布局，实行进出港分流、国内外旅客分流措施，高峰小时旅客容量 3500 人。新建停车场 74 000 平方米，站坪车道 44 000 平方米。2004 年 9 月，39 000 平方米的新建国际候机楼竣工并投入使用，T1 航站楼总面积达 13.8 万平方米。

2008 年 12 月，包括 35 万平方米的 T2 航站楼和长 3600 米、宽 60 米的第二跑道（4F），以及平行滑行道、联络道、停站坪等项目在内的扩建工程正式启动。该工程是国家实施西部大开发的战略性工程，也是国家"十一五"规划的西南地区最重要的综合性交通枢纽工程，总投资约 130 亿元，由中国民用航空局、四川省政府及四川省机场集团共同出资，历时 3 年半，于 2012 年 5 月建成并于 8 月投入运营。第二跑道和 T2 航站楼的建成运营确立了全国第四航空枢纽的地位。

最近几年，成都机场的客流量不断上升，为满足成都及周边地区航空运输增长需求，成都市政府规划新建一座新机场。2016年4月，国家发展和改革委员会批复同意了成都新机场的建设。成都新机场项目总投资692亿元，其中机场工程475亿元，航空公司基地工程174亿元，空管和航油等配套工程43亿元。新机场位于成都市东南方向的简阳市，与成都双流国际机场相距50千米，已于2016年5月开工建设，预计2020年投入使用，远期将满足9000万人次的运输需求。成都天府国际机场定位为国家级国际航空枢纽和丝绸之路经济带中等级最高的航空港，将负责成都出港的全部国际航线，而成都双流国际机场将主要负责国内航线。新机场建成后，成都也将成为中国第三个拥有双机场的城市。

2. 硬件设施

成都双流国际机场飞行区等级为4F，有两条平行跑道，西跑道长3600米、宽45米，南端为II类精密进近仪表着陆系统，可供A380飞机起降；东跑道长3600米、宽60米，配备III类仪表着陆系统。有3个飞机停放区，总面积约100万平方米，机坪面积67万平方米，共设置停机位178个，其中近机位74个、远机位104个（附表1.7）。

附表1.7 成都双流国际机场航站楼及跑道信息表

航站楼	总建筑面积/万平方米	设计容量/万人次	机位数量/个	投用日期
T1航站楼	13.8	1 000~1 200	178	2001年
T2航站楼	35	3 800		2012年8月9日
跑道	等级	长度/米	宽度/米	表面
02R/20L	4E	3 600	45	混凝土
02L/20R	4F	3 600	60	沥青

机场拥有2座航站楼，候机面积近50万平方米，可满足年旅客吞吐量5000万人次需求。T1航站楼经扩建后总面积为13.8万平方米，具有3条平行的指廊（A、B、C指廊），实行进出港分流、国内外旅客分流，并设置了离港系统、楼宇自控系统等，可满足1000~1200万人次的设计容量。T2航站楼建筑面积约35万平方米，有4个指廊（D、E、F、G指廊），内部设置了6个值机岛，120个人工值机柜台，35个安检通道，170多部电梯、扶梯和自动步道，并配置了自动行李分拣系统，能够满足3800万人次设计容量。

此外，成都双流国际机场还拥有3个航空货运站，总面积达到10.7万平方米，每年可处理多达150万吨的货邮运输，是中国中西部最大的综合货运站，并且能够提供全天候通关服务。

3. 航线航点

截至2016年底，成都机场已开通航线270条，其中国际和地区航线95条，国内航线175条。通航国内外城市209个，其中国际和地区城市78个，国内城市131个，是四川航空、成都航空有限公司的基地机场，中国国际航空、中国东方航空、中国南方航空、云南祥鹏航空有限责任公司（以下简称祥鹏航空）、深圳航空等在此设立分公司。成都双流国际机场通往美洲、欧洲、亚非、大洋洲的航线网络也不断完善，直飞国际航线可达美国旧金山、洛杉矶、纽约，欧洲阿姆斯特丹、法兰克福、莫斯科、巴黎、布拉格、马德里，大洋洲墨尔本、悉尼、奥克兰，非洲亚的斯亚贝巴、毛里求斯和亚洲各国主要城市。

4. 航运能力

成都双流国际机场作为我国西部重要的空中门户，是西南地区客流量最大的机场，常年位居国内前五。从2000年开始，成都双流国际机场的客流量就从500万人次以平均每年增加约200万人次，幅度约15%的速度快速增长。到2015年，机场旅客吞吐量已突破4000万人次，位居国内第四。

2016年，成都双流国际机场完成旅客吞吐量4603.90万人次，同比上年增长9.0%；完成货邮吞吐量61.16万吨，同比上年增长9.9%；完成起降31.94万架次，同比上年增长8.8%，分别位居全国第4、6、5名（附表1.8）。2017年，成都双流国际机场旅客吞吐量达到了4980.17万人次，比上年增长8.2%，依旧排名全国第四；货邮吞吐量也达到了64.29万吨，比上年增长5.1%；飞机起降架次达到33.71万次，比上年增长5.5%，同样保持全国5、6名水平。

附表1.8 2014~2017年成都双流国际机场吞吐量数据表

年份	旅客吞吐量/万人次	同比增长/%	货邮吞吐量/万吨	同比增长/%	起降架次/万架次	同比增长/%
2017	4 980.17	8.2	64.29	5.1	33.71	5.5
2016	4 603.90	9.0	61.16	9.9	31.94	8.8
2015	4 223.95	12.2	55.66	2.7	29.36	8.7
2014	3 766.05	12.2	54.20	8.1	27.01	7.8

成都双流国际机场作为西部重要的航空枢纽，对助推地方经济发展和社会开放起到了牵引作用。随着成都新机场的规划建设，成都也将形成双机场枢纽城市，对推动成渝经济区发展、加快天府新区开发建设、加快四川对外开放进程，以及实施"三大发展战略"，推进"两个跨越"具有重要的支撑意义。

五、昆明长水国际机场

昆明长水国际机场，代号"KMG"，位于云南省昆明市官渡区长水村，在昆明市东北 24.5 千米处，由云南机场集团有限责任公司运营管理。昆明长水国际机场是全球百强机场、中国八大区域枢纽机场，也是中国面向东南亚、南亚和连接欧亚的国家门户枢纽机场，中国西南部地区唯一的国家门户枢纽机场。

1. 发展概况

昆明市先前使用的是昆明巫家坝国际机场，建于 1922 年，历经 3 次改扩建，航站楼设计容量达 800 万人次。但仅 2008 年，昆明巫家坝国际机场的客运吞吐量就达到了 1528 万人次，2010 年达到 2019 万人次，远远超出现有航站楼设计容量，机场运营压力巨大。而且昆明巫家坝国际机场与昆明市中心直线距离仅 6.6 千米，周围已被城市包围，不具备原地扩建的条件。因此，昆明市政府决定迁建一座全新的机场。

昆明长水国际机场的建设项目于 2007 年 1 月 29 日由国务院和中央军委批准立项，2007 年 12 月 11 日正式奠基，2008 年 12 月 5 日新机场正式开工建设。机场建设总投资 230.87 亿元，航站楼按满足 2020 年旅客吞吐量 3800 万人次、货邮吞吐量 95 万吨、飞机起降 30.3 万架次的标准一次建成；飞行区按 4F 标准规划，建设东西两条平行跑道，安装并启用 II 类仪表着陆系统，可起降空客 A380 机型。2012 年 6 月 28 日，昆明长水国际机场正式投入运营，昆明巫家坝国际机场整体搬迁至昆明长水国际机场。2013 年，机场的旅客吞吐量就达到了 2969 万人次，位居中国第 7，世界第 55，日旅客吞吐量最高峰可达 12.15 万人次。

2016 年 12 月，昆明长水国际机场旅客吞吐量达到了 4000 万人次，已超过 T1 航站楼 2020 年 3800 万人次的设计容量。为适应昆明长水国际机场的发展需要和实现云南省"两网络一枢纽"的机场格局，昆明长水国际机场启动总体规划修编。新规划包括了中部、北部、西部三个航站区，三条远距跑道和一条近距跑道，以及约 780 个各类停机位，设计年旅客吞吐量近期 7700 万人次，远期 9500 万人次，设计货邮吞吐量近期 140 万吨，远期 330 万吨。

目前，包括新建 S1 卫星厅工程、T1 航站楼增容改造工程、站坪工程、行李处理系统工程、下穿通道系统工程、停车设施工程、公共设施工程等七部分的先期改扩建工程已启动，计划建设工期 2 年，将在"十三五"期间完成改扩建工程。未来机场北部将建设 T2 航站楼及长水综合交通换乘中心，通过机场 APM 系统连接 S1、S2 卫星厅及 T1 航站楼，实现航空、高铁、地铁、公路等多种交通换乘方式，从而进一步完善昆明长水国际机场作为大型门户枢纽机场的功能。

2. 硬件设施

昆明长水国际机场海拔 2103 米，目前拥有 1 座航站楼，2 条跑道，及 176 个停机位（附表 1.9）。T1 航站楼总面积 54.83 万平方米，位于两条平行跑道之间的航站区用地南端，主要由前端主楼、前端东西两侧指廊、中央指廊、远端东西 Y 型指廊组成。南北总长度为 855.1 米，东西宽 1134.8 米，最高点为南侧屋脊顶点，相对标高 72.91 米。航站楼建筑占地 15.91 万平方米。

附表 1.9 昆明长水国际机场航站楼及跑道信息表

航站楼	总建筑面积/万平方米	设计容量/万人次	机位数量/个	投用日期
T1 航站楼	54.83	3 800	110	2012 年 6 月
S1 卫星厅	11.4	1 500	66	预计 2020 年前
跑道	等级	长度/米	宽度/米	表面
03/21	4E	4 000	45	沥青
04/22	4F	4 500	60	沥青

机场飞行区等级为 4F 级，建有东西两条跑道，东跑道长 4500 米、宽 60 米，西跑道长 4000 米、宽 45 米，两条跑道垂直间距 1950 米，都配置双向Ⅰ类精密进近仪表着陆系统及相应的助航灯光系统。

3. 航线航点

昆明长水国际机场设有 6 家基地航空公司，即东方航空云南有限公司、祥鹏航空、四川航空、昆明航空有限公司、瑞丽航空有限公司、云南红土航空股份有限公司，共有 44 家航空公司在昆明长水国际机场运营。目前已开通 276 条航线，其中国内航线 222 条，国际航线 48 条，地区航线 6 条。通航城市达 144 个，国内通航城市 104 个，国际通航城市 37 个，地区通航城市 3 个。

4. 航运能力

昆明长水国际机场从 2012 年运营以来，年旅客吞吐量从转场前的 2000 多万人次增长为 2016 年的 4000 多万人次，实现了 2 倍的增长。

2014 年，昆明长水国际机场全年起降航班 27.05 万架次，同比增长 5.9%（附表 1.10）；完成旅客吞吐量 3223.10 万人次，其中，国内航线 2984.4 万人次，国际航线 192.4 万人次，地区航线 46.3 万人次；货邮吞吐量 31.67 万吨，其中，中国国内航线 29.9 万吨，国际航线 1.57 万吨，地区航线 0.2 万吨，分别占总量的 94.40%、5.0%、0.6%。2015 年，昆明长水国际机场共保障航班起降 30.04 万架次，完成旅客吞吐量 3752.31 万人次，完成货邮吞吐量 35.54 万吨，同比分别增长了 11.0%、16.4%、12.2%。2016 年，昆明长水国际机场旅客吞吐量首次突破 4000 万人次，达到 4198.03 万人次，增长 11.9%，位居国内第 5 名；货邮吞吐量达到 38.29 万吨，同比增长 7.7%，排名第 10；飞机起降架次为 32.59 万架次，较上年增长 8.5%，排名第 4。2017 年，昆明长水国际机场旅客吞吐量为 4472.77 万人次，货邮吞吐量达 41.80 万吨，飞机起降达 35.23 万架次，分别增长 6.5%、9.2%、8.1%，位居国内第 6、8、4 名。

附表1.10　2014~2017 年昆明长水国际机场吞吐量数据表

年份	旅客吞吐量/万人次	同比增长/%	货邮吞吐量/万吨	同比增长/%	起降架次/万架次	同比增长/%
2017	4 472.77	6.5	41.80	9.2	35.23	8.1
2016	4 198.03	11.9	38.29	7.7	32.59	8.5
2015	3 752.31	16.4	35.54	12.2	30.04	11.0
2014	3 223.10	8.6	31.67	7.9	27.05	5.9

昆明长水国际机场的建设对于优化国家机场战略布局、促进云南经济发展和提高现代新昆明中心城市的综合竞争力将起到促进作用。除与航空直接相关的经济发展，昆明长水国际机场的建成、运营，随之开启"临空经济"时代。此外，昆明也是亚洲 5 小时航空圈的中心，是中国面向南亚、东南亚、西亚、南欧和非洲五大区域开放的前沿通道，昆明长水国际机场的建成，促进了中国与东南亚、南亚和欧亚的经济和贸易往来。

附录二　世界主要空港的基本情况

一、亚特兰大哈兹菲尔德-杰克逊机场

亚特兰大哈兹菲尔德-杰克逊国际机场（Atlanta Hartsfield-Jackson International Airport），又称"亚特兰大机场"，代号"ATL"，位于美国佐治亚州亚特兰大市南区与佐治亚大学城相邻的地方，距离亚特兰大市中心约11千米，总面积为19.02平方千米，海拔为313米，是全世界旅客转乘量最大、最繁忙的机场。亚特兰大机场是达美航空总部所在地，也是其最大的枢纽机场，主要经营到美国其他地区和加拿大的空中交通业务，是美国主要的国内门户。此外，亚特兰大机场在北美洲、南美洲、中美洲、欧洲、亚洲和非洲也有国际服务。

1. 发展概况

1925年4月16日，亚特兰大市长Walter Sims签署了一份5年免租金、面积为287英亩（1.2平方千米）的土地，这块已废弃的汽车赛道用地就是亚特兰大哈兹菲尔德-杰克逊国际机场的起家之处，机场最初命名为CandlerField，1946年更名为亚特兰大机场（Atlanta Airport），2003年正式命名为亚特兰大哈兹菲尔德-杰克逊国际机场。

亚特兰大机场于1926年9月15日首航，1928年5月，Pitcairn航空开始向亚特兰大服务，达美航空服务于1930年6月紧随其后，这两个航空公司就是后来著名的美国东方航空公司和达美航空公司，二者都将亚特兰大机场作为主要交通枢纽。1940年10月，美国政府宣布亚特兰大机场为空军基地，第二次世界大战期间，机场规模扩大了一倍，并创下单日起降1700架次的记录，这也使它成为美国航班运行最繁忙的机场。

1961年5月，亚特兰大机场投资2100万美元建成的新航站楼，也是当时美国最大的开始投入使用的航站楼，每年可处理超过600万的旅客。但使用第一年，亚特兰大机场旅客吞吐量就达到950万人次，突破机场能力限制。因此，在1967年，亚特兰大市政府和航空公司规划了亚特兰大机场的改扩建工程，主要包括已有航站楼（今西侧国内航站楼）的改扩建和六个候机大厅的建设。1977年1月，在市长Maynard Jackson的领导下，扩建工程正式开工，工程以西侧航站楼为建设起点，向东延伸建设T、A、B、C、D、E六个候机大厅。这是当时美国南部最大的建设项目，耗资5亿美元，占地250万平方英尺（23万平方米），按照可年旅

客吞吐量5500万人次的设计容量进行建设,于1980年9月21日竣工并投入运营。1984年12月,长9000英尺(3千米)的第四跑道也建成启用,翌年第三条跑道也被延长至11 889英尺(3.6千米)。

1999年,亚特兰大机场的管理层做出决定,提出了一个名为"聚焦未来"的计划,其中包括一系列的建设计划来实现到2015年年旅客吞吐量达到1.21亿人次的远景目标。该计划开启了亚特兰大机场新一轮的扩建工程,初期预算为10年合计投资54亿美元,但是由于工程的延误和增加的建设费用,预计成本投入在90亿美元左右。

扩建工程从第五跑道的建设开始,2001年5月,超过9000英尺(2700米)的第五条跑道开始建造,共耗资12.8亿美元,于2006年5月27日建成启用。第五跑道的建成提高了机场大概40%的起降能力,由平均每小时184架次的起降能力提高到237架次,也使得亚特兰大机场成为能同时进行3次起飞和着陆的少数机场之一。伴随着第五跑道的建成,新的控制塔楼也随之建成,新塔楼是全美最高的航空塔楼,总高398英尺(121米),而旧塔楼也在2006年8月被拆除。

另外,由于美国达美航空公司不断增长的国际航班远远超过现有机场的承载能力,亚特兰大市政府决定在现有机场东侧建造11.5万平方米的新国际航站楼,其可以同时容纳12架宽体国际航班飞机和16架国内航班飞机。该项目还包括建造一个新的旅客捷运系统连接器,新的拥有1100个停车位的停车大厦,以及机场周边新的梅纳德杰克逊大道和长期停车场。该建设项目于20世纪90年代就开始筹建,但由于资金问题一度搁浅,在2008年夏天才重新启动,并于2011年底建造完成。2012年5月16日,亚特兰大机场国际航站楼落成启用,新候机楼取名为梅纳德·杰克逊国际候机楼,耗资14亿美元,拥12个登机门,并建设了F候机大厅与前六个候机大厅相连。

2016年3月,机场管理层确定了未来20年亚特兰大机场的总体规划。规划包括了对现有两大航站楼的现代化、第六跑道的建设、新增三个国际大厅(G、H、I),以及停车场、货运大楼、滑行道等设施建设。

亚特兰大机场当前已有大约55 300家航空公司运营于此,也是格鲁吉亚最大的就业中心,对当地和区域的直接和间接经济影响达到32亿美元,年度区域经济影响超过198亿美元。2015年12月,亚特兰大机场成为世界上第一个年旅客吞吐量超过1亿人次的机场,无论是机场规模还是航运能力,都处于全球龙头老大的地位。

2. 硬件设施

亚特兰大机场目前拥有国内和国际两座航站楼。国内航站楼又分为国内北侧与国内南侧。南侧航站楼为达美航空公司专用航站楼,北侧服务于其他国内航空公司。南北航站楼之间建设为一个大型开放式休息区,设有银行、会议室、教堂、地面交通中心等设施。国际航站楼是一个五层的现浇混凝土结构,第一层是自动化地面运输系统,用于行李托运、机场专线及机场办公系统。第二层服务于到达的国际航班,以及海关、移民系统。第三层是主要楼层,内部用于行李的中转,外部则连接飞机停机坪。第四层主要用于乘客买票、办理登机手续等。第五层则是特别为贵宾及行政人员保留的。

在国内与国际航站楼之间建有七个并列的候机大厅,各厅共有 209 个国内和国际大门。其中 T 厅与国内航站楼相连,其余六厅分别为 A 厅、B 厅、C 厅、D 厅、E 厅、F 厅。A~D 厅及 T 厅为国内航班服务,E 厅和 F 厅为国际航班服务。F 厅直接与国际航站相连,E 厅有通往国际航站的指定通道,并设有为转机乘客办理相关事宜的柜台。航站楼和候机大厅总面积达 680 万平方英尺(63 万平方米)。

此外,亚特兰大机场还拥有 1 个高 398 英尺(121 米)的 FAA(Federal Aviation Administration,美国联邦航空管理局)塔台,负责指挥飞机起降;4 个机坪塔台,负责指挥在停机坪上的飞机,其中 3 个机坪塔台由达美航空公司使用。机坪塔台的设立,便利了航空公司运营,减轻了空管指挥部门工作量,使得亚特兰大机场的运行效率和运行质量大为提高。

亚特兰大机场共有 5 条混凝土跑道,5 条跑道平行,东西走向,08L/26R 和 08R/26L 位于机场航站楼以北,09L/27R、09R/27L 和 10/28 位于机场航站楼以南。附表 2.1 列出了亚特兰大机场的具体信息。

附表 2.1　亚特兰大机场跑道信息表

跑道	方向	长度	宽度	表面	仪表系统
1	08L/26R	9 000 英尺 2 700 米	150 英尺 (46 米)	混凝土	第Ⅲ类 ILS
2	08R/26L	9 999 英尺 3 048 米	150 英尺 (46 米)	混凝土	第Ⅱ类 ILS
3	09L/27R	12 390 英尺 3 780 米	150 英尺 (46 米)	混凝土	第Ⅰ类 ILS
4	09R/27L	9 000 英尺 2 700 米	150 英尺 (46 米)	混凝土	第Ⅲ类 ILS
5	10/28	9 000 英尺 2 700 米	150 英尺 (46 米)	混凝土	第Ⅱ类 ILS

注:ILSC(Instrument Landing System),即代表着陆系统

3. 航线航点

亚特兰大机场是达美航空和穿越航空主要的枢纽机场,也是一些低成本航空公司,如西南航空、边疆航空、精神航空的重点机场,主要接待来自美国其他城

市的航班，是美国南部主要的航班中转站。亚特兰大机场是一座 24 小时不间断的机场，全世界的航空公司都以此为重要枢纽，旅客可由此机场飞向全世界 243 个目的地。从国际线的班次来看，亚特兰大机场主要提供飞往北美、南美、美国中部、欧洲、亚洲和非洲的航班服务。

4. 航运能力

从 1998 年到现在，亚特兰大机场都是全世界客运量最繁忙的机场。从 2005 年到 2013 年，2015 年至 2017 年，其飞机起降架次也位居全世界机场之最。据国际机场理事会报告称，2010 年，亚特兰大机场的航空客户乘客流量为 8930 万人次，比 2009 年增长 1.5%，比第二名的北京首都国际机场高出 1500 万人次。亚特兰大为美国南部最大的都市，所以许多乘客会选择搭乘国内线的班机到此（这样的乘客占所有乘客数目的比例高达 57%），然后转乘其他飞机到邻近的城市，这使亚特兰大机场成为一个以转口为导向的机场，因此客流量极大。但以通往美国的国际旅客客流量来看，亚特兰大机场仅排名全美第六。

2015 年，亚特兰大机场旅客吞吐量突破 9 位数，达到 10 149.11 万人次，成为世界上第一个年旅客吞吐量超过 1 亿人次的机场（附表 2.2）。完成货邮吞吐量 62.62 万吨，比上年增长 4.1%；飞机起降架次达 88.25 万架次，同比增长 1.6%。2016 年，亚特兰大机场年旅客吞吐量和货邮吞吐量分别增长 2.7%和 3.6%；飞机起降架次为 89.84 万架次，同比增长 1.8%。2017 年，亚特兰大机场旅客吞吐量和飞机起降架次都略有下降，但依然位居最繁忙机场榜首，年旅客吞吐量比北京首都国际机场高出约 1000 万人次。

附表 2.2　2014~2017 年亚特兰大机场吞吐量数据表

年份	旅客吞吐量/万人次	同比增长/%	货邮吞吐量/万吨	同比增长/%	起降架次/万架次	同比增长/%
2017	10 390.30	−0.3	68.53	5.7	87.96	−2.1
2016	10 425.81	2.7	64.86	3.6	89.84	1.8
2015	10 149.11	5.5	62.62	4.1	88.25	1.6
2014	9 617.89	1.9	60.13	−2.4	86.84	−4.7

二、迪拜国际机场

迪拜国际机场（Dubai International Airport）简称"迪拜机场"，代号为"DXB"，占地面积约为 140 平方千米，海拔高度为 19 米，是位于阿拉伯联合酋长国人口最多的城市——迪拜市以东 4.6 千米处的一座民用国际机场，归迪拜市政府所有，由迪拜机场公司运营管理，为迪拜市提供航空服务。迪拜国际机场是阿联酋航空公司的枢纽港，也是中东地区重要的航空中途站之一，许多来往于亚洲、欧洲及非洲间的飞机中停于此。由于机场内拥有众多的商店，它也成了在阿联酋购买免税商品的主要场所。在客运量方面，它是世界第三繁忙的机场；在货运量方面，是世界第六繁忙的货运机场。

1. 发展概况

迪拜机场建于 1959 年，建成伊始，机场只有一条 1800 米长的跑道、一个简易停机坪和一个窄小的候机楼。1963 年，迪拜机场进行初步改扩建，包括新修一条长 2804 米的沥青跑道，改建原有沙质跑道和滑行道，新建停机坪、机库、照明系统等配套设施。到 1969 年，迪拜机场初步建成并服务于约 9 家航空公司，有 20 个航点。

20 世纪 70 年代，宽体机型的出现促进了迪拜机场的进一步发展，尤其是波音 747 和 777 系列飞机。为适应宽体机型的运营，迪拜机场新建了一座 13 400 平方米的三层楼候机楼和一座 87 米高的控制塔台，将现有跑道延长至 3810 米，并配置 II 类 ILS 系统和跑道照明系统。此外，迪拜机场还进行了维修机库、发电机、消防站、无指向性无线电信标、远程监视系统、跑道滑行道等设施建设，为波音 747 等大型飞机的进入做好了准备。1980 年 12 月 23 日，迪拜机场成为国际机场理事会成员。1984 年 4 月，与第 1 条跑道平行的第 2 条跑道投入使用，并配置了机场照明系统和仪表着陆系统，以及最先进的气象观测系统。第 2 条跑道的建成使迪拜机场进入二类机场行列。

1997 年，迪拜机场开启了新发展的总体规划，总规划分两个阶段进行，第一阶段主要是 2 号航站楼的建设和 1 号航站楼的改扩建。2 号航站楼于 1998 年正式启用，1 号航站楼也于 2000 年 4 月以 Sheikn Rashid 航站楼这一新名字重新开放。第二阶段则主要包括 3 号航站楼的建设及跑道的重新配置和迪拜花卉中心的建设。2004 年，3 号航站楼开工建设，耗资约 45.5 亿美元，设计旅客保障容量为 4700 万人次，于 2008 年 5 月竣工，10 月投入运营。3 号航站楼是目前世界上最大的机场候机楼，它的启用使迪拜机场年旅客吞吐量达到 7500 万人次。2005 年，迪拜机场特有的迪拜花卉中心也正式对外开放，进一步强化了迪拜作为花卉进出口枢纽的地位。

此后，随着空客 A380 的到来，机场耗资 2.3 亿美元，建造了能够处理大型飞机的 29 座登机门，其中 5 座位于 3 号航站楼，2 座位于 1 号航站楼。随着迪拜机场客流量连续大幅度地增长，也为了满足更多 A380 大型飞机运营需要，迪拜机场公司在扩建迪拜机场的同时，开始筹建包括一个新机场在内的迪拜世界中心。

迪拜世界中心计划占地 140 平方千米，投资 330 亿美元，由迪拜政府提供财政支持并进行多阶段开发，建设项目包括阿勒马克图姆国际机场、迪拜物流城、DWC（Dubai World Centre，迪拜世界中心）商务城、DWC 航空城和 DWC 高尔夫城等。其中，迪拜政府斥资 81 亿美元的阿勒马克图姆国际机场将成为世界上最大的国际机场，能容纳世界上所有 A380 机型，机场设计接待能力为 1.6 亿旅客，年货运量为 1200 万吨，已于 2010 年 6 月部分开放，预计于 2027 年全部完工，届时该机场将取代迪拜机场成为阿联酋航空枢纽和迪拜主要机场。

2. 硬件设施

迪拜机场目前有 3 座航站楼和 5 个候机大厅，两条长 4000 米的平行跑道，两个巨型货运航站楼，一个机场自由区，一个由三个大型展览厅构成的博览中心，一个主要的飞机维修中心，以及一个花卉中心。

机场三座航站大楼中，1 号航站楼为迪拜机场最早落成的航站楼，占地面积为 52 万平方米（560 万平方英尺），配有一个候机楼 D 厅，D 厅于 2016 年 2 月投入使用，有 17 个登机口，并通过自动乘客疏导系统连接到 1 号航站楼主楼及 3 号航站楼。1 号航站楼每年可容纳 2200 万人次的乘客，主要服务大部分的外籍航空公司。2 号航站楼建于 1998 年，占地 47 000 平方米（51 万平方英尺），有一个 F 候机大厅，翻修后每年可容纳超过 1000 万人次的乘客，主要服务迪拜航空、其他低成本航空公司与一部分前往中亚、西亚与非洲的班机。3 号航站楼为迪拜机场最新的航站楼，也是目前世界上最大的航站楼，占地超过 171.3 万平方米（1844 万平方英尺），拥有 A、B、C 三个候机大厅，大厅与航站楼主楼也通过 APM 系统相连。此外，航站楼内还设有世界上最大的行李输送系统，每小时输送容量为 8000 件。3 号航站楼每年可容纳 4700 万人次的乘客，主要服务于所有阿联酋航空的班次，由于阿联酋航空公司拥有大量宽体客机，是全球最大的 A380 和波音 777 飞机运营商，故 3 号航站楼和 ABC 大厅内登机门都较大，且安装能供空中客车 A380 使用的双层空桥。此外，迪拜机场拥有一座货运航站楼，它是世界最大的货运航站楼之一，每年可容纳 250 万吨货物，在未来将超出 300 万吨。

迪拜机场共有两条沥青跑道，即长宽分别为 4000 米×46 米的 12L/30R 跑道和 4450 米×60 米的 12R/30L 跑道（附表 2.3）。两条跑道距离为 385 米，跑道上配备了四套 ILS，可在非常恶劣的天气条件下安全引导飞机着陆。跑道扩大到适应于 2007 年投入使用的空中客车 A380。2009 年，宣布机场安装了III类着陆系统，允许飞机在低能见度条件下着陆。这个系统将是阿拉伯联合酋长国的首个此类系统。其中 12R/30L 跑道现已关闭服务。

附表 2.3　迪拜国际机场跑道信息表

跑道	方向	长度	宽度	表面
1	12L/30R	13 123 英尺（4 000 米）	150 英尺（46 米）	沥青
2	12R/30L	14 600 英尺（4 450 米）	196 英尺（60 米）	沥青

3. 航线航点

迪拜机场是阿联酋航空和迪拜航空的枢纽机场，其中阿联酋航空枢纽是中东最大的航空枢纽。阿联酋航空贡献机场总客运量的 51%，贡献机场飞机起降架次大约占总起降架次的 42%。低成本航空公司迪拜航空贡献机场总客运量的 13%，贡献飞机起降架次占总起降架次的 25%。作为迪拜市主要的空中门户，迪拜机场主营国内、地区和国际定期的客货运航线，有 140 家航空公司运营于此，每周定期航班 7500 次，每日近 300 多个迪拜航班飞往世界 270 个航点。

4. 航运能力

迪拜机场目前能满足 8300 万人次客流量，扩建完工后将提升到 9000 万人次，货物运输能力为 250 万吨。从 2000 年到 2017 年，迪拜机场的旅客吞吐量增长了 8 倍左右，货邮吞吐量也增长了 3 倍。

2015 年，迪拜机场旅客吞吐量达到 7801.48 万人次，同比增长 10.7%；货邮吞吐量达到设计容量限额 250.61 万吨，增长 5.8%；飞机起降架次也增长了 13.8%，突破 40 万架次，成为世界上第三繁忙的客运机场和第六繁忙的货运机场（附表 2.4）。2016 年，迪拜机场旅客吞吐量首次突破 8000 万人次，蝉联全球第 3；货邮吞吐量也达到 259.25 万吨，位居全球第 5，其中国际货运量排名全球第 3；飞机起降架次增长 2.9%，达到 41.82 万架次。2017 年，迪拜机场旅客吞吐量达到 8824.00 万人次，货邮吞吐量达到 265.15 万吨，分别增长 5.5%、2.3%。

附表 2.4　2014～2017 年迪拜机场吞吐量数据表

年份	旅客吞吐量/万人次	同比增长/%	货邮吞吐量/万吨	同比增长/%	起降架次/万架次	同比增长/%
2017	8 824.00	5.5	265.15	2.3	—	—
2016	8 365.43	7.2	259.25	3.4	41.82	2.9
2015	7 801.48	10.7	250.61	5.8	40.66	13.8
2014	7 047.56	6.1	236.76	−2.7	35.73	−3.4

迪拜机场是迪拜经济的重要贡献者，它提供了 40 多万个就业机会，经济贡献超过 267 亿美元，占迪拜 GDP 的 27%，提供就业人数占总就业人数的 21%。据预测，到 2020 年，迪拜航空部门的经济贡献将上升至该城市 GDP 的 37.5%，到 2030 年，航空业的经济影响预计增至 881 亿美元，占 GDP 的 44.7%。

三、洛杉矶国际机场

洛杉矶国际机场（Los Angeles International Airport），代号"LAX"，位于美国加利福尼亚州洛杉矶市韦斯特切斯特区，在洛杉矶市中心西南方向 15 英里处，占地 14.16 平方千米，海拔 39 米，由洛杉矶政府代理公司洛杉矶世界机场拥有和运营。洛杉矶国际机场是美国联合航空公司在美西地区的两大枢纽之一，也是唯一一个同时作为美国三大航空公司（美国航空公司、达美航空公司、美国联合航空公司）航空枢纽的机场。

2016 年，洛杉矶机场旅客吞吐量达到 8092.15 万人次，比上年增长 8.0%，成为全球客流量第四多的机场，和继亚特兰大机场之后全美第二大繁忙的机场。洛杉矶国际机场的客运量和货运量都名列前茅，也是唯一一个货运和客运都位列全美前五的机场。

作为美国西海岸最大、最繁忙的国际机场，洛杉矶国际机场不仅是美国的主要国际门户，同时也是全球往来乘客的重要目的地。通过与亚洲和拉丁美洲的深入连接，洛杉矶国际机场被认为是通往环太平洋的首要门户。

1. 发展概况

1928 年，洛杉矶市议会选定韦斯特切斯特南部占地 640 英亩（2.6 平方千米）的一片农田作为新机场建地，命名为 Mines 起降场。1929 年，第一座机棚建成，1930 年，机场为洛杉矶市所有并正式启用。1937 年，洛杉矶市政府收购该机场成为公营，并于 1941 年将名称改为洛杉矶机场，随后于 1949 年改名为洛杉矶国际机场。在此之前，服务洛杉矶地区的主要机场是在 Glendale 的 Grand Central 机场。

起初，整个机场的场址均位于 Sepulveda 大道的东边，然而随着机场向西面延伸扩建到海岸线，在 1953 年，该段 Sepulveda 大道被移往地下，改建为隧道，机场的 7 号跑道则跨于隧道上方，这一隧道的建设在当时可以说是个创举。

1958 年，洛杉矶政府为引进"喷射机时代"，重新规划设计了洛杉矶国际机场。计划主要包括在机场中央设立数个航站楼与立体停车场，各个航站楼之间通过钢骨和玻璃圆顶建筑连接。但 1961 年，计划改为在中央建立一个白色的主题地标建筑，然后在中央区南北两侧再建设各个航站大厦。1961～1962 年，中央建筑和 7 座航站大厦先后开工建设，洛杉矶国际机场初步形成现在的轮廓。1970 年，洛杉矶国际机场为了满足宽体喷射机的运行要求，又对部分航站楼进行了拓宽建设。同年，第一架宽体喷气客机正式在洛杉矶国际机场运营。

1981 年，为迎接 1984 年洛杉矶奥运会，洛杉矶政府斥资 7 亿美元对机场进行改扩建。改扩建工程包括在衔接各候机大楼的马蹄形道路上方兴建高架桥，使原来的地面道路改为入境专用，而新建的高架路面则专为出境使用，大大缓解了交通拥堵问题。扩建工程还包括兴建 1 号航站楼和国际航站楼（现 B 航站楼）两座航站大厦，同时改建作为国际航站楼使用了 20 多年的 2 号航站楼，并建设多个多层的立体停车场。1982 年，两座航站楼建设工程同时开工，其中国际航站楼耗资 1.23 亿美元，占地 96.3 万平方英尺，于 1984 年 6 月正式启用，每年可满足 1000 万人次旅客吞吐量，命名为汤姆·布拉德利国际航站楼（Tom Bradley International Terminal）。

2005 年后，洛杉矶国际机场进一步进行扩建和完善。2006 年 7 月，07L/25R 跑道被关闭进行整修，将跑道南迁 55 英尺，并配置了新的排水系统和跑道灯光，还在 07L/25R 跑道和 07R/25L 跑道之间设立一条滑行道。2007 年 3 月，该跑道重新启用，整修后的跑道可起降空中客车 A380 机型，大大提高机场运营水平。

汤姆·布拉德利国际航站楼也在随后进行了两次现代化改造。2006 年 9 月的改造主要是对国际航站楼内部空调系统、电力系统、电梯、扶手梯、行李转盘等内部设施进行整修。2010 年 2 月的扩建工程则主要是在国际航站楼的西边建设 10 个全新的可服务 A380 的登机门，并整体拓宽汤姆·布拉德利国际航站楼的空间。该工程共投资约 15 亿美元，于 2013 年 9 月再次启用，新增面积 125 万平方英尺（11.6 万平方米），主要增加了商店、餐馆、旅客休息室、海关、移民系统等设施。扩建后的汤姆·布拉德利国际航站楼拥有了 9 个可容纳空中客车 A380 的登机门，旅客可搭乘位于地下层的 APM 系统往来这些登机门。

为进一步使洛杉矶国际机场更加现代化和智能化，机场目前正计划进一步改善航站楼之间的交通通道，从而减少拥挤现象，以及进一步对跑道进行升级改进，对中央公共设施进行优化等。机场目前正在建设往返于各航站楼的旅客捷运系统，主要是 LAX 列车运行轨道的建设。该列车将在航站区中心拥有 3 个停站点，每天运行 9 辆列车，每 2 分钟一次，预计于 2023 年完成，届时将极大便利旅客通行。

2. 硬件设施

洛杉矶国际机场中央区有一个白色圆盘状的主题建筑，主题建筑由四个大型弧形支柱架起，类似飞碟状。在弧形支柱形成的拱门下方还设有一个可以欣赏机场全景的餐厅。1992 年进行整修后，旅客可以搭乘电梯到达该建筑的屋顶观景台。此外，在中央区域，洛杉矶国际机场还拥有一座高达 277 英尺（84 米）的航空交通管制塔台，负责指挥飞机起降。

在客运设施方面，洛杉矶国际机场共有 9 个航站大厦，排列成字母 U 形或马蹄形，共有 128 个登机门，航站大厦之间由接驳巴士接送往来旅客。汤姆·布拉德利国际航站楼和 4、5、6、7、8 号航站楼都通过 4 号航站楼与汤姆·布拉德利国际航站楼之间的地上通道连接，4、5 和 6 号航站楼之间有地下隧道连接，6、7、8 号航站楼之间有地面人行道连通。从 2016 年 2 月 25 日开始，从 4 号航站楼到汤姆·布拉德利国际航站楼之间还增加了一个空侧走廊，并增加了一个安全检查点，从而提高旅客周转效率。除了旅客航站大厦外，洛杉矶国际机场另有占地200 万平方英尺（18.6 万平方米）的货运设施，并设有一个直升机起降场。

机场目前拥有 4 条跑道，其中 06L/24R 和 06R/24L 跑道（指定为北方机场综合体）位于机场航站楼以北，07L/25R 和 07R/25L 跑道（指定为南机场综合体）位于机场航站楼的南部，最长跑道长 12 923 英尺（3939 米）（附表 2.5）。

附表 2.5 洛杉矶机场跑道信息表

跑道	方向	长度	宽度	表面
1	06L/24R	8 926 英尺（2 721 米）	150 英尺（46 米）	混凝土
2	06R/24L	10 885 英尺（3 318 米）	150 英尺（46 米）	混凝土
3	07L/25R	12 923 英尺（3 939 米）	150 英尺（46 米）	混凝土
4	07R/25L	11 095 英尺（3 382 米）	200 英尺（61 米）	混凝土

3. 航线航点

洛杉矶国际机场主要作为美国航空公司、达美航空公司、阿拉斯加航空公司、美国联合航空公司、维珍美国航空的枢纽机场，并且是新西兰航空、澳洲航空、西南航空、美国忠实航空等航空公司的重点机场。机场覆盖航点包括北美洲、拉丁美洲、欧洲、中东、非洲、亚洲和大洋洲的 101 个国内和 85 个国际目的地。美国航空公司拥有航点最多，有 70 多个航点，在洛杉矶地区航线网络广布；再次是达美航空，拥有 58 个航点，美联航拥有 57 个航点。美国航空公司、美鹰航空公司离岸航班最多，美国联合航空公司、联航快运公司和西南航空公司等次之。

4. 航运能力

从 2006 年到 2016 年，洛杉矶国际机场从全球繁忙机场排名的 26 位提高到了第 4 名。2008 年，洛杉矶国际机场年旅客吞吐量为 2886 万人次，使得洛杉矶国际机场成为美国第三繁忙和全球第五繁忙机场。

2016 年，洛杉矶航空旅客吞吐量为 8092.15 万人次，同比增长 8.0%（附表 2.6），位居全球客运繁忙机场榜第四名；货邮吞吐量为 210.60 万吨，排名全球第 15；飞机起降架次为 69.71 万架次，较上年增长了 6.3%。2017 年，洛杉矶国际机场旅客吞吐量提高了 4.5%，达到 8455.8 万人次，名列全球第 5，全美第 2，仅次于亚特兰大机场。其中美国航空公司贡献 18.83% 的旅客吞吐量，达美航空公司贡献 16.66%，美国联合航空公司贡献 14.18%，西南航空公司贡献 11.71%，阿拉斯加航空公司贡献 4.32%。

附表 2.6　2014～2017 年洛杉矶机场吞吐量数据表

年份	旅客吞吐量/万人次	同比增长/%	货邮吞吐量/万吨	同比增长/%	起降架次/万架次	同比增长/%
2017	8 455.80	4.5	227.99	8.3	70.04	0.5
2016	8 092.15	8.0	210.60	2.9	69.71	6.3
2015	7 493.63	6.0	204.72	6.6	65.56	3.0
2014	7 066.62	6.0	192.13	3.9	63.67	3.3

四、东京羽田国际机场

东京羽田国际机场（Haneda Airport），又称东京国际航空港（Tokyo International Airport），简称"羽田机场"，代号"HND"，位于日本东京都大田区东南端多摩川河口的左岸，距离东京市中心 16 千米，总面积约 408 万平方米，海拔 6 米，是日本最大的机场。

羽田机场 2015 年旅客吞吐量为 7531.67 万人次，是继亚特兰大哈兹菲尔德-杰克逊国际机场、北京首都国际机场（亚洲最繁忙）、迪拜国际机场和洛杉矶国际机场之后亚洲第三繁忙的机场，也是全球第五大繁忙的机场。在 2010 年扩张后，每年能运输 9000 万名旅客。随着羽田和成田合并，东京成为全球第三繁忙的航空枢纽城市，仅次于伦敦和纽约市。

1. 发展概况

羽田机场始建于 1931 年 8 月，最早是一所国营的民航机场，面积仅 53 公顷，只有一条长 300 米、宽 15 米的跑道，到 1939 年修建了第二条长 800 米的跑道，并将第一条跑道延长至 800 米。1945 年 8 月，第二次世界大战结束后，羽田机场由美国陆军接管，改称为"羽田陆军航空基地"。羽田陆军航空基地主要为美国陆军和空军所用，但1947年，羽田机场也引来了首班国际客运航班，由西北航空公司运营。

1952年，美国归还了一部分的羽田机场，剩余部分于1958年如数归还，归还后的机场改名为"东京国际机场"。在1955年，东京国际机场第一座候机楼正式竣工并投入使用，1963年开通国际航班。之后，基于1964年日本主办夏季奥运会，以及日本对公民海外旅行限制的解除和60年代引进了喷气飞机等原因，羽田机场数度进行扩建，但仍不能满足日益激增的客流量。1966年，日本政府决定建造一个国际航班的新机场，即1978年开放的成田机场，成田机场接管了东京地区几乎所有的国际服务，羽田机场改为日本国内的航空运输中心，同时兼营部分国际航班业务。

随着日本国内航运需求的持续上升，羽田机场狭窄的航站楼和两条交叉设计的跑道早已不能满足需求。因此，1983年，日本交通运输部发布了羽田机场的扩建计划，拟配合日本填海造陆工程，将机场扩展到东京湾的新填埋场。1984年，改扩建工程正式启动，项目包括了对多条跑道的迁移和改建、对航站楼的重新规划，以及附近高速公路、电车轨道等交通系统的扩建。

1988年7月，一条3000米（9800英尺）的A跑道正式启用，原有旧跑道被改为停机坪。1993年9月，一座新建的命名为"Big Bird"的西客运大楼（今1号航站楼）取代了原有老候机楼，国内线转到1号（西）航站楼，国际线则迁到旧有国内线航站楼原址。新的平行式的C跑道和交叉式的B跑道也分别于1997年3月和2000年3月完成。2004年12月，2号航站楼工程竣工并投入运营，主要服务于日本全日航空和北海道航空公司。

2000年后，羽田和成田机场旅客吞吐量日渐饱和，为分担客流量，日本政府规划新国际航站楼扩建工程。2008年，新国际航站楼建设工程正式施工，并于2010年10月竣工启用。在连接航站楼的交通方面，除了对东京单轨电车羽田线一部分路轨作出更改外，还修建了京急空港线在该路段的新车站。此外，为了提高机场起降能力，工程还进行了B跑道快速脱离道的修建和与B跑道平行的第四跑道（D跑道）的建设。2010年8月，D跑道工程竣工，并于当年10月投入使用，该跑道的使用使羽田机场的年起降能力从28.5万次提升到40.7万次，极大增强机场运营效率。

东京中标2020夏季奥运会后，日本交通部计划进一步完善连接羽田机场和成田机场的交通运输系统。目前主要计划在两个机场之间新建一条铁路线和一条公路隧道，建成后将极大缩短二者之间来往时间。

2. 硬件设施

羽田机场目前拥有3座航站楼，1号航站楼和2号航站楼主要作为国内客运楼，3号航站楼也称国际航站楼，主要用于国际航班。1号航站楼是羽田机场最大的候机楼，整体呈线性分布，中央设有6层的餐厅、购物区和会议室，以及位于屋顶的大型观景台。2号航站楼也设有一个6层购物区和露天餐厅，并与1号航站楼之间通过地下通道连接，与东京市区由单轨铁路和高速公路相连。国际航站楼有5层楼，建有商业街、停车场及日本最大规模的免税店，配置了3200个停车位，与1、2号航站楼通过每5分钟一次的免费班车连通。

在货运设施上，在1号航站楼和2号航站楼的北侧，分别设有东、西两个货运区。其中，东货运区旁建有VIP贵宾室和政府专机使用的停机坪。此外，在国际航站楼附近也建有一座由两幢一年能处理50万吨货物的仓库、易腐坏食品仓库及熏蒸设施构成的货物航站楼。

羽田机场共有4条沥青混凝土跑道，最长跑道长3360米，各跑道都设有ILS着陆系统（附表2.7）。其中A跑道和C跑道平行，能同时起降。B跑道和D跑道配置了先进的LDA（landing distance available，可用着陆距离）程序，但仅当南风天气时，才启用LDA。值得一提的是，D跑道建造在海面上，有三分之二地基是填海造地，为了不阻隔多摩川河口，跑道西南侧的三分之一采用了高架栈桥结构，类似于码头结构，填海部分和栈桥结构部分的连接点采用了伸缩装置，即便发生地震，其表面的跑道也不会开裂。整个跑道通过一条620米长的桥与现有3条跑道所在的机场岛对接。

附表2.7　羽田机场跑道信息表

跑道	方向	长度	宽度	表面
A	16R/34L	9 843英尺 （3 000米）	196英尺 （60米）	沥青混凝土
B	04/22	11 024英尺 （2 500米）	196英尺 （60米）	沥青混凝土
C	16L/34R	8 202英尺 （3 360米）	196英尺 （60米）	沥青混凝土
D	05/23	8 202英尺 （2 500米）	196英尺 （60米）	沥青混凝土

3. 航线航点

羽田机场作为日本国内空中门户，主要往返于日本的较大城市，如札幌、福冈、大阪、广岛、那霸、青森等。每天约有230个航班进出港，每年往来旅客人数占全国国内航空旅客人数的半数以上。其主要基地航空公司有日本航空、全日空、天马航空、北海道国际航空、亚洲天网航空及星悦航空。羽田机场在2014年3月开通了长途服务，向17个国家的25个城市提供直达服务。日本政府目前正在鼓励使用羽田机场作为优质商业路线,从而使成田机场作为休闲路线和低成本航空公司运营机场。

4. 航运能力

从 1978 年至 2010 年,羽田机场主要负责往返东京的日本境内航班及少数东亚城市定期航班,国际旅客运输量占比非常小,仅占总客运量 1%左右。2010 年,羽田机场开设专用国际航站楼并允许夜间长途飞行后,其国际乘客运量呈现快速增长趋势,从 2010 年的 388 万人次增长到 2017 年的 1689 万人次,实现了约 4 倍的增长,年增长幅度为 15%～20%。从国内客运量来看,2000 年至今,羽田机场的国内乘客运量基本稳定在 6000 万人次左右,变化幅度不大。

2016 年,羽田机场完成年旅客吞吐量 7985.25 万人次,比上年增长了 6.0%,蝉联全球繁忙机场第 5 名;完成货邮吞吐量 115.08 万吨,比上年增长 5.8%,排名世界 23;飞机起降架次达到 44.85 万架次,进入全球前 20 行列(附表 2.8)。2017 年,据国际机场理事会初步统计,羽田机场旅客吞吐量达 8495.70 万人次,增长 6.4%,位列全球第 4 名;货邮吞吐量达 127.44 万吨,比上年增长 10.7%。

附表 2.8　2014～2017 年羽田机场吞吐量数据表

年份	旅客吞吐量/万人次	同比增长/%	货邮吞吐量/万吨	同比增长/%	起降架次/万架次	同比增长/%
2017	8 495.70	6.4	127.44	10.7	—	—
2016	7 985.25	6.0	115.08	5.8	44.85	2.3
2015	7 531.67	3.4	108.79	5.1	43.85	3.0
2014	7 282.66	5.7	103.47	16.4	42.56	5.6

五、芝加哥奥黑尔国际机场

芝加哥奥黑尔国际机场(Chicago O'Hare International Airport),简称"奥黑尔机场"(O'Hare Airport),代号"ORD",占地面积达 31 平方千米,海拔高度为 204 米,位于美国伊利诺伊州的芝加哥市,距离市中心 27 千米,归芝加哥市政府所有,由芝加哥民航局运营管理,为芝加哥市和伊利诺伊州提供航空服务。它是芝加哥市的主要机场,是世界上唯一的双中枢机场,是全美最大两家航空公司——美国联合航空公司和美国航空公司的主要中心机场。

1. 发展概况

奥黑尔机场建立于 1942～1943 年,选址于市中心西北 18 千米的 Orchard 广场，最初是道格拉斯 C-54 制造工厂的一部分，被命名为道格拉斯机场，随着 1945 年道格拉斯公司的离去，机场改名为 Orchard Field 机场，1949 年再次改名为奥黑尔国际机场。

20 世纪 50 年代初期，从 1931 年起即为芝加哥航空港的芝加哥中途国际机场已无法满足航空业发展，所以芝加哥市和美国联邦航空管理局开始打造奥黑尔机场成为芝加哥未来的主要机场。1955 年，奥黑尔首班商业班机启航，1958 年 8 月，奥黑尔的第一个国际专用航站楼投入使用，到 1959 年 4 月，机场已扩建到 7200 英亩（29 平方千米），并配有机库、停车场等设施。1960 年，机场通往芝加哥市中心的西北高速公路建成。1962 年，芝加哥中途机场的国内航线转入奥黑尔，奥黑尔机场的客流量激增，年旅客吞吐量达到千万人次，成为全球最繁忙的机场之一。1967 年，芝加哥中途机场几乎被废弃，但芝加哥市政府为了分流奥尼尔的客流量，又将一部分航线服务转回中途机场。

20 世纪 80 年代，美国联合航空公司投资 5 亿元，在旧国际航站楼基础上新建了奥黑尼机场 1 号航站楼（又称未来航站楼）。新航站楼建设工程于 1985 年 3 月开启，1987 年 6 月开放了其中 13 个登机门，而后又将 2 号航站楼的 D 厅拆除给新航站楼挪地，整个工程于 1988 年 12 月完工。此外，在 1984 年，机场还新建了一个大型航空货运综合楼（今西南货运区），取代了原来的旧货区。此后，奥黑尔机场又在 1988~1990 年间对 3 号航站楼进行了翻新。

2000 年后，奥黑尔机场由于严重拥堵导致经常性的航班延误和取消，而被列为美国最不守时的机场之一，作为美国重要航空枢纽，这可能对整个北美航空业产生连锁反应。因此，美国城市管理部门承诺投资 60 亿美元用来提升机场营运能力，2005 年 10 月，该投资项目获美国联邦航空管理局批准。自此，奥黑尔机场耗资 90 亿美元，历经 10 多年的翻修工程拉开序幕。

奥黑尔机场原来的六条跑道设计为纵横交错状，主要是为了让飞行员在不同的侧风模式下起降，随着飞行技术的发展，这种跑道已不适用飞机起降，其跑道改造也一直是美国民航业最大难题。因此，为了提高运行效率，本次扩建计划主要集中于跑道的改造，包括新增 4 条跑道、延长现有 2 条跑道，以及新建一个空中交通管制塔台。2008 年 9 月，10L/28R 跑道延长至 3962 米；2008 年 11 月，新的北跑道（9L/27R）和空中管制塔台投入使用；2015 年之前，第 4 条跑道和第 5 条跑道也宣布竣工。第 6 条跑道已在 2017 年开工，预计 2020 年建成。届时，奥黑尔机场将拥有 6 条东西向跑道和 2 条斜角跑道。

2018 年 2 月，芝加哥市政府颁布了一项新发展规划，将在未来 8 年内斥资 85 亿美元对奥黑尔机场进行大规模扩建。计划将扩大 5 号航站楼以容纳除美国航空和美国联合航空之外的所有航空公司，拆除 2 号航站楼并重建为新的"全球航站楼"，并新建两个卫星厅。未来，奥黑尔机场也将成为全美第一个拥有全球联盟枢纽的机场。

2. 硬件设施

奥黑尔机场目前共有 4 个航站楼，7 条沥青跑道，是世界上拥有跑道数量最多的机场，其中最长跑道为长 3962 米的 10L/28R 跑道，跑道具体信息如附表 2.9 所示。4 个航站楼带有 9 个候机大厅，182 个登机门。1 号航站楼有两个大厅（B、C），50 个登机门，C 厅为卫星厅，通过地下人行道与 B 厅相连，主要为美国联合航空、汉莎航空、全日航等航空公司所用。2 号航站楼主要有 E 和 F 两个候机大厅，共 43 个登机门，主要服务于加拿大航空和达美航空公司。3 号航站楼共有 G、H、K、L 四个大厅和 75 个登机门，2018 年又在 L 厅增加了 5 个登机门，其服务于美国航空公司所有航班，以及伊比利亚航空公司、日本航空公司和一些非附属的低成本航空公司。其中，美国航空公司还在 3 号航站楼设有三个海军上将俱乐部和一个旗舰休息室，位于 H6 和 K6 号大门之间的人行横道。5 号航站楼为除美国航空公司以外的所有国际航班服务，其 M 大厅拥有 21 个登机门（后期将增加 9 个），设有多家航空公司的休息室。并且在 2016 年 7 月，5 号航站楼新建了一座能容纳 A380 空客的大门，成为奥黑尔首座可运营此机型的航站楼。在货运设施上，奥黑尔机场有东北和西南两个主要货运区，其中东北货运区已于 2016 年和 2017 年先后建成了两座货运大楼，但仍在建设中，建成后将能容纳 13 架宽体货机。

附表 2.9 奥黑尔机场跑道信息表

方向	长度	宽度	表面
4L/22R	7 500 英尺（2 286 米）	150 英尺（46 米）	柏油
4R/22L	8 075 英尺（2461 米）	150 英尺（46 米）	柏油
9L/27R	7 500 英尺（2 286 米）	150 英尺（46 米）	水泥
9R/27L	7 967 英尺（2 428 米）	150 英尺（46 米）	柏油/水泥
10R/28L	7 500 英尺（2 286 米）	150 英尺（46 米）	柏油/水泥
10C/28C	10 801 英尺（3 292 米）	150 英尺（46 米）	水泥
10L/28R	13 000 英尺（3 962 米）	200 英尺（61 米）	柏油/水泥

此外，奥黑尔机场的地面运输设施包括一条来往芝加哥市区的高速（I-190）、一条地铁及连接梅特拉北环的通勤列车。由于机场面积庞大，机场内建有 24 小时运营的 APM 系统，连接各个航站楼和远程停车场。

3. 航线航点

作为全球最繁忙的机场之一，奥黑尔机场主营国内、地区和国际定期的客货运航线，通航至全球各大洲各国和地区的主要城市，为全球超过 70 家航空公司提供服务，每天要起降 2700 次航班，每年大约有 7200 多万名乘客经此机场来往于世界各地。奥黑尔机场是美国两大航空公司——美国联合航空和美国航空的枢纽机场，也是边疆航空、精神航空等低成本航空公司的重点枢纽。截至 2016 年，奥黑尔机场共通航 234 个城市，其中国际航线达 73 个，从整体市场结构来看，国际旅客吞吐量占总吞吐量的 16.67%（约为 1224 万人次），主要通航国家为加拿大、墨西哥、英国、中国等。从航空公司市场份额来看，美国联合航空市场份额最大，达到 42.07%，美国航空次之，占 33.19%；从两个公司的通航目的地来看，美国均为其重点市场，加拿大、墨西哥、中国、英国和日本等均为其国际重点市场。

4. 航运能力

从 1962 年到 1998 年，奥黑尔机场一直是世界上客流量最大和飞机起降次数最多的机场，1998 年后被亚特兰大机场夺取客流量最繁忙机场头衔。2014 年，奥黑尔机场有 881 933 个到港和离港航班，超越亚特兰大机场（868 359 个），成为当年世界上航空运量最繁忙机场，但 2015 年，其飞机起降架次下降 0.8%（附表 2.10），被亚特兰大机场夺回第一宝座。2016 年，奥黑尔机场完成旅客吞吐量 7796.06 万人次，成为全球客运量第六多的机场、美国第三繁忙的机场及中西部最繁忙的机场。2017 年，据国际机场理事会初步统计，奥黑尔机场年旅客吞吐量达到 7980.00 万人次，同比增长 2.36%，依旧排名世界第 6，美国第 3，仅次于亚特兰大机场和洛杉矶国际机场；货邮吞吐量预计达到 180.00 万吨，飞机起降架次达 86.01 万架次，低于亚特兰大机场，排名第 2。

附表 2.10　2014～2017 年奥黑尔机场吞吐量数据表

年份	旅客吞吐量/万人次	同比增长/%	货邮吞吐量/万吨	同比增长/%	起降架次/万架次	同比增长/%
2017	7 980.00	2.36	180.00	4.3	86.01	-0.8
2016	7 796.06	1.31	172.64	-0.9	86.74	-0.9
2015	7 694.93	9.81	174.25	10.4	87.51	-0.8
2014	7 007.75	4.45	157.83	10	88.19	-0.2

后　记

空港作为交通运输业非常重要的组成部分，在国际经贸交流中扮演着门户的角色，空港发展已经成为推动地方经济社会发展的重要支点。而我国空港的发展面临着国际旅客中转量不足和资源优化整合等迫切难题，提升竞争力成为空港发展的重点。

本书对空港竞争力的影响因素、形成机理和动态评价进行了研究，并在竞争力评估的基础上，以其作为博弈收益的主要依据，重点研究了空港联盟的决策、准入、退出和解散机制，得出了重要结论，对我国空港竞争力提升及在面临联盟决策问题时如何选择提供了理论依据。

在本书的完成过程中，得到了大连理工大学管理与经济学部武春友教授的悉心指导，本书的完成是在博士论文的基础上进行补充、修改和完善而成的。

本书是在国家自然科学基金委员会青年科学基金项目"空港联盟对空港可持续竞争力的影响机制研究"的资助下完成的。

感谢为本书提供各种帮助的李烨老师，洪婷婷、林靖玲、金子寅等研究生及王丹丹、王媛媛等本科生。

感谢我的父母和妻子多年来在学业上和生活上对我的关爱，本书的顺利完成凝聚了他们的心血和付出。

限于学术研究水平，书中难免存在疏漏和不当之处，恳请读者批评指正。